KB119630

───── 삶의 자극제가 되는 ─────
발칙한 이솝우화

삶의 자극제가 되는

발칙한 이솝우화

최강록 지음

일에일북/

지금 우리에게 이솝우화가 필요한 이유

'두아케티의 교훈'을 아시나요? 지금으로부터 약 4천 년 전에 기록된 이집트의 난해한 상형 문자를 분석해 해독한 글 가운데 일부입니다. 글을 전문적으로 읽고 쓰는 서기관, 즉 공무원인 아버지 두아케티가 어린 아들인 페피에게 공부 열심히 해서 공무원이 되라고 권하는 내용이죠.

"서기관은 다른 직업을 가진 사람들이 겪는 괴로움이 없을뿐더러 가난에 시달릴 일도 없단다. 내가 좋은 서기관 학교를 알아놨으니, 열심히 공부해서 꼭 서기관이 되도록 해라."

4천 년 전 이집트인이 쓴 상형 문자라는 걸 모른 채 무심코 글을 읽으면 현시점에서 어떤 아빠가 자녀에게 당부하는 말처럼 들립니다. 4천 년이라는 어마어마한 시간의 차이에도 불구하고 부모와 자식 사이에 오가는 대화의 내용은 달라진 게 없습니다.

안정적이고 몸 쓰는 괴로움도 없으니 꼭 공무원이 되라고 타이르는 글 속엔 냉엄한 현실 세계를 먼저 경험한 아버지의 진한 사랑이 담겨 있습니다.

21세기 대한민국의 많은 청춘은 새벽부터 밤늦게까지 공무원 시험 준비에 매달리고 있습니다. 오늘날 한국 젊은이들 부모의 마음과 4천 년 전 이집트 부모의 마음이 크게 다르지 않습니다.

과학 기술이나 물질적인 측면에선 당시와 지금을 비교할 수 없겠지만, 정신적인 부분이나 심리적 측면에선 별로 다를 바가 없습니다. 세월이 흐르고 문명이 발달해도 사람 사는 모습과 희로애락은 크게 달라지지 않습니다.

◇ 고전에 길이 있고 답이 있다

왜 고전을 읽을까요? 바로 이와 같은 이유 때문입니다. 오래전 시대의 현자나 위인으로 불리는 뛰어난 인물이 남긴 글과 책을 보며 오늘을 살아가는 교훈을 얻고 미래를 대비할 지혜를 구하는 것입니다. 요즘 같은 첨단 정보 시대에도 여전히 수천 년 전에 쓰인 『논어』, 『삼국지』, 『그리스 로마신화』를 읽고, 수천 년 전 사람인 소크라테스, 플라톤, 아리스토텔레스를 찾는 이유입니다.

긴 시간에 걸쳐 사랑을 받아온 고전 속엔 한 시대의 흐름이나 경향에 좌우되지 않는 단단한 콘텐츠가 자리하고 있습니다. 반짝 했다가 사라지는 베스트셀러는 많지만 오래도록 읽히는 고전은 드문 이유입니다. 필독서로 꼽히며 고전의 반열에 오른 책은 힘이 셉니다. 세월도 흔들 수 없는 지혜가 담겨 있는 까닭입니다.

그러나 콘텐츠의 내용은 불변이어도 해석과 적용은 끝없이 변합니다. 사람들의 생각이 달라지고 사는 모습이 변하는 데 따른 불가피한 결과죠. 누가 어떤 시각으로 어떻게 해석하느냐에 따라 고전의 모양새는 조금씩 달라집니다. 현대인들은 달라진 외피를 통해 내면에 담긴 콘텐츠를 접하고 이해합니다. 이 같은 작업은 앞으로도 끊임없이 이어질 겁니다.

◇ 이솝우화에 담긴 지혜와 교훈

정신건강의학과 전문의 시각에서 새롭게 해석하고 적용함으로써 현대인들에게 새로운 외피를 입은 고전으로 선보일 만한 작품이 어떤 게 있을까 고민했습니다.

『이솝우화』가 적격일 거라고 생각했습니다. 짧은 이야기 속에 인생의 애환과 각축 그리고 인간 심리의 온갖 작동들이 함축적으로 담겨 있기 때문입니다.

『이솝우화』는 정말 놀라운 책입니다. 여우, 늑대, 당나귀 등 동물이 많이 등장하는 이야기라서 어린이들만이 읽는 책으로 오해할 수 있지만 절대 그렇지 않습니다. 그 어떤 고전보다 심오한 삶의 지혜와 교훈이 가득합니다.

정치인이 읽으면 예민한 민심을 포착하는 심리서로, 사업가가 읽으면 세상의 흐름을 짚어내는 경영서로, 종교인이 읽으면 내면을 들여다보는 마음의 거울로, 교육자가 읽으면 배움의 이치를 깨닫는 교과서로 제격입니다.

자투리 시간을 이용해『이솝우화』를 읽고 생각하며, 그 안에 담긴 정신분석학적 측면과 심리적 요인들을 요즘에 비춰 알기 쉽게 풀이하는 글을 쓰기 시작했습니다.

『이솝우화』의 저자는 고대 그리스의 '아이소포스'(기원전 620년~564년)입니다. '이솝'은 아이소포스의 영어식 발음이죠. 그에 관해 알려진 정보는 매우 적습니다. 입담은 재치 있었으나 외모가 흉측스럽고 말을 더듬었다는 설이 있습니다.

헤로도토스의『역사』에 따르면, 이솝은 도시 국가인 사모스 시민 이아드몬의 노예로 이야기를 잘하는 재주를 가지고 있어 주인을 많이 도와줬다고 합니다.

훗날 자유인이 된 그는 각지를 돌아다니며 지혜가 담긴 이야기를 들려주면서 환영을 받았으나, 그를 질투한 델포이의 시민들에 의해 죽임을 당했다고 전해집니다. 그가 남긴 우화는 구전으로 전해지다가 후대에 문서로 만들어졌습니다.

노예 출신이었으니 우리가 알고 있는 고전의 저자 중 신분이 가장 낮은 사람이었던 거죠. 그래서인지 그의 우화는 매우 실제적입니다. 착하고 바르게 살라는 도덕적인 교훈만 담고 있지 않습니다.

오히려 거칠고 잔인하며 처절하기까지 한 현실적인 이야기가 많습니다. 이야기가 피부에 와닿는 것이죠. 소크라테스가 사형 집행을 앞두고도 탐독했을 정도니까요.

◇ 지금 이솝우화가 필요한 이유

세상은 정말 빠르게 변하고 있습니다. 기성세대에겐 익숙하지 않은 암호 화폐로 물건을 사고팔기도 하고, 증권처럼 거래되면서 엄청나게 폭등하기도 해 암호 화폐 광풍이 온 나라를 휩쓴 적도 있습니다. 정보의 홍수 속에 틈만 나면 SNS를 확인하고, 유튜브에 접속하며, 뉴스를 검색하면서 남들에게 뒤처지지 않으려 안간힘을 다해 살아갑니다.

그렇지만 물질의 풍요가 정신의 풍요를 의미하진 않는 것 같습니다. 옛날보다 지금이 훨씬 더 편리해진 것 같은데, 힘들다고 못 살겠다고 호소하는 사람들은 훨씬 더 늘어난 것 같습니다. 자살률이 증가하고, 우울 증세나 불안 증상으로 병원을 찾는 환자들이 많아졌습니다. 뭔가 잘못된 것 같습니다.

도대체 어디에서 길을 찾고 답을 구해야 할까요? 저는 고전 속에 길이 있고 답이 있다고 생각합니다. 저와 함께 『이솝우화』를 읽으며 여행을 떠나보시겠습니까? 전 세계 어디를 여행해도 찾을 수 없는 내 마음을 찾을 수 있을 겁니다. 웃음과 눈물, 재치와 감동이 살아 있는 '발칙한 이솝우화' 여행입니다.

〈정신의학신문〉의 소중한 공간을 할애해주신 정정엽 선생님과 연재에 많은 도움을 주신 유승준 기자님, 같은 자리에서 변함없는 지지를 보내주는 아내와 아이들에게 고맙다는 인사를 드립니다. 고전을 처음 알게 해주셨을 뿐 아니라 여전히 고전 읽기를 즐겨 하시는 부모님께도 감사의 말씀을 올립니다. 이 모든 수고와 지혜가 모여 한 권의 책이 되었습니다.

사당숲에서,

최강록

차례

1부

내 마음의 주인이 되는 이솝우화

불안

위기에 직면했을 때
침착하게 대응하려면

위기 상황에서 침착하게 꾀를 내 목숨을 구한 당나귀와
먹잇감을 놓치고 목숨까지 잃은 늑대의 이야기

—— 늑대와 당나귀 ——

당나귀 한 마리가 초원에서 마음껏 풀을 뜯어 먹고 있었습니다. 날씨는 좋고 풀은 싱싱했습니다. 그러다가 깜짝 놀랐습니다. 저만치서 사나운 늑대 한 마리가 슬금슬금 다가오고 있었던 겁니다. 당나귀는 목이 콱 막혔습니다. 맛있던 풀이 소태처럼 쓰게 느껴졌습니다.

'어쩐다? 도망가야 하나? 내가 늑대보다 더 빨리 달릴 수 있을까?'

온갖 생각이 머리를 스치고 지나갔습니다. 그러는 사이 늑대는 더 가까이 다가왔습니다. 당나귀는 온몸에 식은땀이 나고 다리가 후들거렸습니다. 이제는 달리고 싶어도 달릴 수 없었습니다. 공포에 휩싸여 발이 땅에서 떨어지지 않았던 겁니다. 일촉즉발의 위기였습니다.

'호랑이 굴에 잡혀가도 정신만 차리면 산다고 했어. 마음 단단히 먹자.'

당나귀는 꾀를 내 위기에서 벗어나기로 마음먹었습니다. 늑대를 보지 못한 듯 태연히 풀을 뜯는 척했습니다. 바짝 다가온 늑대가 의아하다는 듯 당나귀에게 다가가 물었습니다.

"내가 다가오는데 왜 달아나지 않는 거야? 무섭지 않아?"

잡아먹을 때 잡아먹더라도 궁금한 건 참지 못하는 늑대였습니다. 당나귀가 대답했습니다.

"물론 무섭지, 도망가고 싶고. 그런데 발에 큰 가시가 박혀서 도저히 도망갈 수가 없어."

당나귀는 무척 측은하고 고통스러운 표정을 지었습니다. 늑대는 도망갈 수 없다는 당나귀의 말에 회심의 미소를 지으면서도 얼마만 한 가시가 박혔기에 그런 건지 궁금해졌습니다.

"어쩌다 그렇게 된 건데?"

"몰라. 너무 아파서 발을 디딜 수가 없어. 어차피 이렇게 된 거, 난 네게 잡아먹힐 각오가 되어 있어. 하지만 그전에 내 발에 박힌 가시부터 좀 빼 줘. 이걸 빼고 잡아먹어야 네 목에 가시가 걸리지 않을 테니까. 그렇지 않으면 네 목에 가시가 박혀 큰일 날 거야."

듣고 보니 맞는 말이었습니다. 늑대는 다 잡은 먹잇감인 당나귀의 발에서 큰 가시를 빼낸 다음 맛있게 잡아먹기로 했습니다. 마지막으로 자비를 베풀고자 한 것입니다.

"어디야?"

"여기… 아니, 좀 더 아래로 가까이 와 봐. 그렇지, 거기."

늑대는 당나귀가 쳐든 발굽에 머리를 가까이 대고 가시가 어디에 박혔는지 두리번거렸습니다. 당나귀 발굽에서 가장 가까운 곳에 늑대의 머리가 정조준되었습니다.

당나귀는 이때다 싶어, 있는 힘을 다해 늑대의 머리를 걷어찼습니다. 당나귀 발굽의 위력은 대단했습니다. 늑대는 멀찌감치 나가떨어져 즉사했습니다. 당나귀는 다시 여유롭게 풀을 뜯었습니다.

◇ 공포라는 자극

위기 상황에서 침착하게 꾀를 내 목숨을 구한 지혜로운 당나귀와 다 잡은 먹잇감을 놓친 것도 모자라 목숨까지 잃은 어리석은 늑대가 극명하게 대비되는 이야기입니다.

갑작스레 위기가 닥치면 누구나 당황하게 마련입니다. 평소 사려 깊고 냉철한 사람도 놀라고 다급해 어쩔 줄을 모를 것입니다. 아무 생각이 나지 않습니다. 공포가 엄습합니다. 절망이 밀려옵니다. 어지간히 담력이 크고 배포가 두둑한 사람이 아니라면 대부분 이런 처지에 놓이고 맙니다.

'공포(恐怖, Fear)'란 괴로운 사태가 다가오는 걸 예감하거나 현실적으로 다가왔을 때 일어나는 불쾌한 감정을 바탕으로 한 정서

적 반응입니다. 두려움과 무서움을 느끼는 것이죠.

실제로 괴로운 사태가 일어나지 않았는데도 이런 감정과 반응을 보인다면 그것은 '불안(不安, Anxiety)'입니다. 어두운 골목길을 걸어가다 보면 으스스합니다. 자꾸만 누가 따라오는 것 같고 어디선가 뭐가 불쑥 튀어나올 것 같습니다. 이런 게 불안입니다. 그러다가 실제로 치한이나 강도가 눈앞에 나타날 수 있습니다. 이때 생기는 감정과 반응이 공포입니다.

사나운 동물, 호랑이나 사자 같은 맹수, 뱀처럼 징그러운 생물을 보면 공포를 느낍니다. 머리를 풀어헤친 채 입에 피를 흘리며 서 있는 소복 입은 귀신, 날카로운 이빨을 드러내고 상대방을 매섭게 쏘아보는 뱀파이어를 봐도 공포를 느끼죠. 지진으로 건물이 흔들린다거나 엘리베이터 안에 갇혔을 때도 공포를 경험합니다. 폭력과 범죄와 전쟁은 많은 사람을 공포에 빠뜨립니다.

개인적 체험으로 공포를 느끼기도 합니다. 조건반응에 의한 겁니다. 자전거나 다람쥐를 무서워하는 사람이 있습니다. 어렸을 때 무서운 체험을 한 탓에 성인이 되어서도 그 대상만 보면 공포를 느끼는 겁니다. 공포감이 한번 형성되면 아무리 설득하고 타일러도 없애기가 매우 어렵습니다.

공포는 뇌의 '편도체(扁挑體, Amygdala)'와 밀접하게 연관되어 있습니다. 편도체는 뇌의 측두엽 전방 안쪽에 위치하는 부위로 공포와 같은 부정적인 감정과 관계가 있습니다.

이 부위가 손상되면 공포 반응이 사라지거나 약해지는 현상이 나타납니다. 쥐와 고양이는 어울릴 수 없는 상극입니다. 그런데 쥐의 편도체가 손상되면 고양이를 겁내지 않습니다. 공포가 없어졌기 때문입니다.

반대로 이 부위에 전기 자극을 가하면 공포와 수반된 반응이 일어납니다. 방어적으로 행동하고, 자율신경이 변화하며, 피부 감각이 둔화하고, 호르몬이 과도하게 분비되는 등의 현상이 나타납니다. 자극에 따라 점점 더 심한 공포를 느낍니다.

◇ 회피하는가, 이겨내는가

생존과 안전이 위협받을 때 누구나 공포를 느낍니다. 당연하고 자연스러운 일입니다. 그러나 특정한 사물이나 상황에 계속해서 극렬하게 나타나는 비이성적인 두려움이 있습니다. 정신의학에서 '공포증(恐怖症, Phobia)'이라고 합니다.

특정한 대상과 상황에 직면하거나 그런 대상과 상황을 맞닥뜨릴 거라 예견할 때, 현저하고 지속적이며 지나치게 비합리적인 두려움을 경험하는 겁니다.

넓은 곳이나 공개된 장소에만 가면 두려움이 찾아오는 '광장공포증(Agoraphobia)', 높은 건물이나 산 등에 오르면 공포를 느끼는 '고소공포증(Acrophobia)', 엘리베이터나 비행기 같은 밀폐된 공간에 있으면 무섭고 떨리는 '폐쇄공포증(Claustrophobia)' 등입

삶의 자극제가 되는 발칙한 이솝우화

니다.

평소엔 말을 잘하다가 회의할 때나 프레젠테이션할 때면 떨면서 말을 잇지 못하는 '회의공포증', 빛이 없는 어두운 곳에만 가면 공포가 엄습하는 '어둠공포증'도 있습니다. 불안장애의 일종입니다.

공포증은 전문의와 상담한 후 치료를 받아야 합니다. 어렸을 때 형성된 트라우마를 찾아 극복하고자 노력하고, 불안 요소를 발견해 이겨내고자 애를 써야 하며, 공포 대상과 상황에 직면함으로써 비이성적인 두려움을 누그러뜨려야 합니다.

환자와 의사와 가족 등 주변 사람들이 힘을 모으고 적절한 치료를 병행하면 시간이 걸려도 호전될 수 있습니다.

하지만 공포 그 자체를 없앨 순 없습니다. 갑작스러운 위험과 위협이 닥쳐 생존과 안전이 흔들릴 때 공포를 느끼는 건 지극히 당연합니다.

공포를 느낄 때 사람들은 자신을 괴롭게 하는 대상과 상황으로부터 도피하거나 회피하려는 경향이 있습니다. 직면해 이겨내거나 적절히 처리할 준비가 되어 있지 않기 때문입니다.

극심한 공포에 사로잡혀 아무런 생각도 행동도 하지 못합니다. 생존과 안전에 대한 희망이 사라지면서 깊은 좌절과 절망에 빠집니다.

직면해 이겨내거나 적절히 처리할 준비가 되어 있으려면 당면한 대상과 상황에 관해 충분한 지식이 있어야 하고, 과거에 형성된 알

맞은 습관이 있어야 합니다. 공포를 느끼지 않거나 덜 느끼거나 짧은 시간 안에 극복할 수 있습니다.

◇ 위기일발과 기사회생

공포는 생존과 안전이 위협받을 때 찾아온다고 했습니다. 공포를 느꼈을 때 재빨리 자신의 생존과 안전에 이상이 없다는 걸 확인하면 공포가 사라지고 안심하게 될 겁니다.

무조건 도피하고 회피하는 건 좋은 방법이 아닙니다. 공포를 느끼는 대상과 상황은 그대로니까요.

높은 곳에 올라가면 덜덜 떨리고 오금이 저린 건 혹여나 떨어지면 죽거나 다칠 수 있다는 걸 알기 때문입니다. 맹수를 보면 무서워서 그 자리에 주저앉았거나 울음을 터뜨리는 건 날카로운 이빨과 발톱으로 공격받으면 크게 다치거나 죽을 수 있다는 걸 알기 때문입니다.

반면 백화점 엘리베이터를 타고 높이 올라가거나 동물원에 가서 호랑이를 보거나 아쿠아리움에 가서 상어를 맞닥뜨려도 두렵거나 무섭지 않고 아름답고 신기하게 느껴지는 건 생존과 안전에 일절 위협을 받지 않는다는 믿음이 있기 때문입니다.

당나귀에게 배울 점이 바로 여기 있습니다. 목숨이 위태로운 위기 상황에서도 당나귀는 섣불리 도망하거나 모든 걸 포기한 채 잡아먹으라고 주저앉지 않았습니다.

늑대의 행동을 주시하며 자신의 생존과 안전을 지킬 방법을 생각해냈습니다. 침착하게 이성적인 판단을 한 겁니다.

위기가 닥쳤을 때 공포에 휩싸여 즉흥적으로 대처하거나 어설프게 행동하면 오히려 자신의 생존과 안전에 더 큰 위험을 초래할 수 있습니다.

당나귀는 경거망동하지 않았습니다. 늑대를 물리칠 수 있는 무기를 찾아냈습니다. 늑대에게 날카로운 발톱과 이빨이 있다면 자신에겐 엄청난 괴력을 가진 발굽이 있었습니다.

문제는 자신의 발굽으로 늑대의 급소를 정조준할 수 있느냐 없느냐였습니다. 당나귀는 지혜를 발휘해 늑대가 자기 머리를 스스로 발굽에 들이밀도록 만들었습니다. 탁월한 위기 대처 능력을 보여줬습니다.

위기에서 지혜롭게 탈출한 당나귀는 기분 좋게 풀을 잔뜩 뜯어 먹곤 집으로 돌아갔을 겁니다. 그런데 다음에 또 다른 늑대를 만나면 어떻게 해야 할까요? 그때도 발굽에 가시가 박혔다는 속임수로 위기를 모면할 수 있을까요?

그러려면 그 또 다른 늑대도 이 늑대처럼 멍청하고 충동적이어야 합니다. 또 늑대들 사이에 이 늑대가 어떻게 죽었는지 소문이 퍼지지도 않아야겠죠.

만약 침착하고 꾀 많은 늑대가 다가온다면 어떻게 해야 할까요? 당나귀는 더 침착하고 더 이성적으로 늑대를 물리칠 묘수를 짜내야만 합니다.

　자신의 생존과 안전을 위협하는 대상이나 상황에서 벗어날 수 있는 안전장치는 직접 발견하고 만들어야 한다는 사실은 변함이 없을 겁니다.

　나는 결국 내가 지켜야 합니다.

목숨이 위태로운 위기 상황에서도 당나귀는 섣불리 도망하거나 모든 걸 포기한 채 주저앉지 않았다. 늑대의 행동을 주시하며 자신의 생존과 안전을 지킬 방법을 생각해냈다. 침착하게 이성적인 판단을 한 것이다.

행운은
뜻밖의 친절이 가져다준다

번번이 허탕 치는 어부들이 최선을 다해 그물을 던져
결국 다랑어를 잡은 이야기

── 어부들과 다랑어 ──

어부들이 고기를 잡으러 바다로 나갔습니다. 배에는 수십 년 동안 고기를 잡으며 살아온 노련한 어부들이 타고 있었습니다. 고기가 있을 만한 곳에 그물을 던졌지만, 번번이 허탕이었습니다. 여러 곳을 돌며 수없이 그물을 던졌으나 마찬가지였습니다. 참 이상한 날이었습니다. 바닷속 사정을 속속들이 알고 있다고 자부하던 어부들은 힘이 빠지고 허탈해졌습니다. ·

"알 수 없는 일이야. 이런 적이 없었는데…."

"오늘은 정말 운이 없는 날이야. 이런 날은 뭘 해도 안 되는 법이지."

낙담한 어부들은 뱃마루에 털썩 주저앉았습니다. 해는 뉘엿뉘엿 지고 있었죠. 하는 수 없이 그냥 돌아가야 했습니다. 베테랑 어부 여럿이 온종일 고기 한 마리 잡지 못한 채 그냥 돌아가야 했으니 마음이 무겁고 손이 부끄러웠습니다. 그렇게 뱃머리를 막 돌리려던 찰나였습니다.

"아이고, 깜짝이야!"

어디선가 쿵 하는 소리가 들리더니 큰 다랑어 한 마리가 배 안으로 뛰어들었습니다. 무엇엔가 쫓기다가 배에 부딪히며 안으로 들어왔던 것입니다. 어부들은 얼른 다랑어를 붙잡아 배 밑창에 있는 수조에 가뒀습니다.

다랑어는 살이 붉고 아름다우며 몸집이 커서 횟감으로 가장 좋은 물고기입니다. 그물질 한 번 안 하고 이런 물고기를 잡게 된 거죠.

어부들은 신이 나서 돌아왔습니다. 어시장에서 다랑어를 비싼 값에 판 어부들은 돈을 나눠 가졌습니다. 이날은 어부들에게 운이 없어 헛고생한 날이 아니라 행운이 가득한 운수대통한 날이었습니다.

◇ **기대와 예측이 곧 현실로**

유난히 잘 안 풀리는 날이 있습니다. 꿈자리가 뒤숭숭하거나 컨디션이 좋지 않고 왠지 모르게 기분이 찜찜한 날도 있죠. 그런 날은 공부도 안 되고 일도 잘되지 않습니다. 얼토당토않은 실수를 저지르거나 평소답지 않게 허둥대서 중요한 일을 그르치기도 합니다.

운동선수나 예술가에겐 징크스나 기벽 같은 게 있습니다. 축구선수가 특정 색깔의 유니폼이나 양말을 신었을 땐 좋은 경기를 펼

치지만, 싫어하는 색깔의 유니폼이나 양말을 신었을 땐 경기를 망치는 경우가 있습니다. 스케이트 선수가 안쪽 라인에서 출발할 땐 기록이 좋은데, 바깥쪽 라인에서 출발할 땐 기록이 좋지 않은 사례도 있고요.

피아니스트나 바이올리니스트도 사용해 왔거나 선호하는 악기가 아니면 연주에 집중하지 못하기도 합니다. 작가가 글을 쓸 때도 특정 시간이나 장소에서 유난히 글이 잘 써지기도 하고요.

그런데 문제는 징크스나 기벽이 생각과 행동을 옭아매서 아무런 상관이 없는 일도 징크스나 기벽의 방향을 따라갈 수도 있다는 겁니다.

예를 들면 오랫동안 사용한 볼펜이 있어야 시험을 잘 치른다고 믿는 학생이, 어느 날 급히 나오느라 그 볼펜을 집에 두고 왔을 때 불안하고 초조한 마음이 들어 시험 점수가 형편없게 나오는 겁니다. 너무 긴장한 나머지 다 아는 문제도 틀리는 거죠.

그 학생은 이렇게 생각합니다.

'볼펜 없이 시험을 잘 본 적이 없어. 그러니 오늘 분명히 시험을 망칠 거야. 난 망했어.'

소개팅할 때 키가 크고 잘생긴 남자만 만나면 얼굴이 빨개지고 호흡이 불안정해져서 번번이 결과가 좋지 않았던 여성이 있습니다. 그런 남자에게서 애프터 신청을 한 번도 받아본 적 없는 그녀는 자신이 키 크고 잘생긴 남자와는 어울리지 않는다고 생각하기에 이릅니다. 자기 같은 여자를 싫어한다고 믿게 된 거죠.

어느 날 소개팅 자리에 나갔다가 키 크고 잘생긴 남자를 만났습니다. 이상형이었죠. 역시 얼굴이 붉어지고 호흡이 가빠서 대화를 잘 나누지 못했습니다. 오늘도 틀렸다고 생각했습니다. 보나 마나 애프터가 오지 않을 거라 여겼습니다.

그런데 남자는 그렇지 않았습니다. 수줍어하는 여자가 마음에 들었죠. 그래서 다음 날부터 여자에게 여러 차례 전화했으나 여자는 전화를 받지 않았습니다.

'잘못 건 걸 거야. 내게 애프터 신청을 할 리가 없어. 다 끝났어. 마음을 비우자.'

여자는 남자보다 자신의 징크스를 더 믿은 결과, 좋은 기회를 스스로 차버리고 말았습니다.

앞서 사례의 학생이나 위 사례의 여성 모두 믿고 있던 게 그대로 현실이 되었습니다. 심리학에선 '자기충족적 예언(Self-Fulfilling Prophecy)'이라고 합니다.

일이 잘될 거라고 기대하면 기대한 대로 잘 풀리고, 영 운이 없는 날이라 여겨 되는 일이 없을 거라고 예단하면 그만큼 일이 안 풀리는 경우를 가리킵니다.

과거의 경험이나 감정 등을 바탕으로 미래에 대한 기대와 예측에 몰입하면 그에 맞춰 행동해 기대와 예측이 현실이 되는 겁니다.

◇ 해석한 상황에 반응하는 경향

"말이 씨가 된다."라는 옛말이 있습니다. 같은 말을 반복하면 그 말이 생각을 지배하고 굳어진 생각이 행동을 규정합니다. 그래서 말한 대로 되고 마는 것이죠.

여기서 말은 미래에 대한 예상이나 예언을 의미합니다. '어쩐지 나쁜 일이 벌어질 것 같아.' 하고 되뇌며 믿으면 나쁜 일이 벌어지고, '꼭 좋은 일이 생길 거야.'라고 말하며 행동하면 좋은 일이 생긴다는 겁니다.

사람들은 카페에서 타로점을 보거나 스마트폰으로 오늘의 운세를 들여다봅니다. 장난삼아 봤다느니 심심해서 한번 들어가본 거라느니 하지만, 듣고 본 내용이 머릿속을 떠나지 않습니다. 좋은 말을 들으면 기분이 좋아지면서 행운이 찾아올 것 같고, 나쁜 말을 들으면 불길한 예감이 들면서 안 좋은 일이 닥칠 것 같습니다.

학자들이 혈액형과 성격은 아무런 관계가 없다고 진단을 내렸음에도 많은 사람이 혈액형에 따라 성격을 예단합니다. MBTI 성격 유형 검사도 마찬가지입니다. 별것 아니라고 생각하면서도 결과를 믿습니다. 그런 믿음이 믿음에 맞는 결과를 낳는 것입니다.

사람들은 사실보다 상황에 부여된 의미에 근거해 행동하는 경향이 있습니다. 객관적 상황에 반응하는 게 아니라 해석한 상황에 반응하는 것이죠. 반응이 모이면 해석한 대로 상황이 전개됩니다.

땀의 원리는 일한 만큼, 노력한 만큼, 땀 흘린 만큼 정당한 대가를 거두는 것입니다. 징크스나 기벽과 상관없이 주어진 여건 속에서 최선을 다하는 거죠. 그리고 결과를 겸허히 받아들입니다. 최선을 다한 땀의 대가이기에 많든 적든 결과에 자족하며 삽니다.

최선을 다해 땀 흘려 노력한 결과가 늘 좋은 건 아닙니다. 뜻하지 않은 불운과 재난이 겹쳐 낭패를 당할 수도 있습니다. 그러나 그건 인간의 의지로 어떻게 할 수 없는 영역이기에 땀의 원리에 충실하며 살아갑니다.

반면 땀 흘려 노력하지 않고 최선을 다해 경주하지 않아도 기대 이상의 결과를 얻는 경우가 있습니다. 전혀 예상하지 못한 대가를 얻는 겁니다. 이런 걸 행운이라고 합니다.

노동의 결과가 아닌 행운의 결과는 더 달콤하고 짜릿합니다. 기대하지 않았기 때문입니다. 그런데 행운이 언제 어떻게 오는지는 알 수 없습니다. 학수고대한다고 해서 흥부에게 박 씨를 물어다준 제비가 매번 나타나는 건 아닙니다.

◇ 행운은 뜻밖의 친절이 가져다준다

행운은 어디서 오는 걸까요? 어떤 이에게 찾아드는 걸까요?

미국 작가 줄리아 월튼은 『오늘의 자세: 행운을 부르는 법』이라는 소설에서 이 문제를 정면으로 다루고 있습니다.

주인공 레오는 남들보다 운이 억세게 나쁜 소년입니다. 엄마는 유방암으로 갑작스레 돌아가셨고, 엄마의 빈자리를 채워주고자 그리스에서 오신 할머니마저 세상을 떠났습니다. 아빠는 자신을 이해하지 못하고, 친구들은 짓궂기만 합니다. 레오에게 불안장애에 공황장애까지 찾아옵니다.

레오는 스스로 질문을 던집니다.

'나는 왜 남들보다 운이 나쁜 걸까? 어디서부터 꼬인 거지? 이 운을 바꿀 수 있을까?'

모든 걸 불운의 징조로 여기며 세상에 홀로 남겨진 우울한 기분으로 살아가던 레오는 요가를 배우며 자신을 돌보는 방법과 오늘 하루의 소중함을 알아갑니다. 레오는 '오늘의 자세'를 취하며 하루하루 성장합니다. 그러는 사이 불운으로 여겼던 지난 일들이 모두 행운으로 여겨집니다.

소설을 읽다 보면 행운은 오늘을 살아가는 것에서 시작될 수 있다는 단순한 진실이 가뿐하게 손짓하고 있다는 걸 느낍니다. 불운과 행운을 가르는 차이는 할머니의 한마디 말에서 찾을 수 있을 듯합니다.

"할머니는 불운을 되받아치는 유일한 방법이 뜻밖의 친절이라고 했다. 그것만이 삶이 구렁텅이에 빠질 때 우리가 무너질 거라고 믿는 악마를 혼란스럽게 할 거라고."

내 삶이 구렁텅이에 빠졌다고 느꼈을 때 또 내가 불운의 깊은 골짜기를 헤매고 있다고 생각될 때, 벗어나는 방법은 뜻밖의 친절을 베푸는 겁니다. 나 자신에게 그리고 타인에게 말이죠.

삶을 진지하고 긍정적으로 바라보며 대하는 겁니다. 최선을 다해 땀 흘리는 겁니다. 요행을 바라지 않는 겁니다. 행운이 찾아오지 않아도 묵묵히 내 길을 가는 겁니다. 아프고 힘들어도 더 많이 사랑하는 겁니다. 좌절하거나 포기하지 않는 겁니다.

바닷속을 손바닥 보듯 하던 베테랑 어부들이 종일 그물을 던졌지만 고기 한 마리 잡지 못했습니다. 낭패도 이런 낭패가 없습니다. 어떤 어부는 전날의 흉흉한 꿈 때문이라고 생각했을 수도 있고, 어떤 어부는 오늘 입고 나온 옷 색깔이 불운을 불렀다고 생각했을지도 모릅니다.

아무튼 지독하게 운이 없는 날이라고 여겼을 겁니다. 그렇지만 어부들은 해가 뉘엿뉘엿해질 때까지 계속해서 그물을 던졌습니다. 할 수 있는 최선을 다한 겁니다.

자기 자신에게 친절을 베풀었습니다. 오늘은 지지리도 운이 없는 날이니 다 때려치우고 일찌감치 들어가자고 하지 않았습니다. 마지막까지 바다에 그물을 던졌습니다.

그때 갑자기 다랑어 한 마리가 배 안으로 뛰어들었습니다. 전혀 기대하지 않았던 일이죠. 노동의 대가일까요? 일확천금의 행운일까요? 땀의 결과라고 해석할 수도 있고 기막힌 행운이라고 해석할 수도 있습니다.

분명한 건, 행운은 뜻밖의 친절이 가져다준다는 사실입니다. 예상치 않았던 누군가의 도움도, 기적처럼 찾아온 믿기 힘든 행운도 알고 보면 치열한 노력과 힘겨운 땀방울 그리고 뜨거운 눈물의 대가 혹은 결과일 경우가 많습니다.

행운도 노력하는 자에게 따르는 법입니다. 감나무 밑에서 입만 벌린 채 감 떨어지길 기다리는 자에겐 행운이 찾아들지 않습니다. 혹여 찾아든다 해도 행운이 아니라 불운이 될 공산이 큽니다. 뜻밖의 친절이 없었기 때문입니다.

'하늘은 스스로 돕는 자를 돕는다.'라는 말은 땀과 운의 원리를 잘 설명해줍니다. 나는 지독히도 운이 없는 사람이라고 생각하십니까? 뜻밖의 친절을 베풀어보십시오. 모든 징크스와 불운은 날아가고 행운이 찾아올 겁니다.

내 삶이 구렁텅이에 빠졌다고 느꼈을 때 또 불운의 깊은 골짜기를 헤매고 있다고 생각될 때, 벗어나는 방법은 나 자신과 타인에게 뜻밖의 친절을 베푸는 것이다. 뜻밖의 친절이란 삶을 진지하고 긍정적으로 바라보며 대하는 것이고, 최선을 다해 땀 흘리는 것이며, 요행을 바라지 않는 것이다.

행복은
내 마음에서 비롯된다는 깨달음

사자와 친구가 되었다고 생각하는 당나귀와 여우,
사냥한 짐승들을 3등분하려다가 봉변을 당하는 이야기

.

─── 사자와 당나귀와 여우 ───

사자와 당나귀와 여우가 우연한 기회에 친구가 되었습니다. 잘 어울릴 것
같지 않은 조합이었지만, 의외로 사이좋게 지냈습니다. 의기투합한 이들
은 팀을 이뤄 사냥에 나서기로 했습니다.

여우가 꾀를 내 유인하고 당나귀가 사냥감을 몰아가면 사자가 덮쳐 해
결하는 방식이었죠. 매우 적절한 역할 분담이어서인지 사냥이 수월했고
많은 먹잇감을 얻었습니다.

"수고 많았다. 당나귀야, 네가 잡은 짐승들을 세 몫으로 나눠 봐라."

사자는 당나귀에게 사냥에 성공한 먹잇감들을 나눠 가질 수 있게 분배

하라고 지시했습니다. 당나귀는 셋이서 사냥을 했으니 먹잇감을 공평하게 3등분해서 똑같이 나눴습니다.

"사자야, 오늘 사냥한 짐승들을 셋으로 나눴어. 각자 골라 가지면 돼."

당나귀가 나눈 몫을 본 사자는 불같이 화를 냈습니다.

"이게 공평하게 나눈 거라고? 짐승을 많이 잡은 게 내 덕이지 네 덕인 줄 알았냐?"

그렇게 말하면서 당나귀를 덮쳐 먹어버렸습니다. 사자의 본능이 발휘된 아찔한 순간이었습니다.

그런 다음 사자는 여우를 쳐다보며 다시 명령을 내렸습니다.

"하여간 조금 잘해주면 제 분수를 모른다니까. 이번엔 여우, 네가 사냥한 짐승들을 나눠 봐라."

여우는 자기 몫으로 조금만 떼어놓은 다음 나머지를 한군데에 잔뜩 쌓아뒀습니다.

"사자님, 다 나눴어요. 이게 제 것이고, 저것이 사자님 몫입니다."

"오, 대단히 지혜롭게 나눴구나. 이렇게 분배하는 걸 누가 가르쳐 주더냐?"

여우는 사자의 눈치를 살피면서 조심스럽게 말했습니다.

"당나귀가 당한 불행을 보면서 지혜를 얻었습니다."

◇ 남의 불행은 곧 나의 행복

대다수 사람이 행복을 추구하며 살아갑니다. 누구나 행복해지길 원합니다. 불행하게 살고 싶은 사람은 아무도 없습니다. 그렇다면 행복의 요소는 뭘까요? 다시 말해 행복의 조건은 무엇일까요?

많은 돈, 높은 지위, 대단한 명예, 빼어난 외모, 깊은 학식이나 지혜, 멋지고 아름다운 연인과의 사랑…. 물론 이 모두가 아주 중요한 행복의 조건이라고 할 수 있습니다.

하지만 행복은 상대적인 겁니다. 절대적이고 객관적인 행복의 요소가 있어서 그걸 쟁취해야만 행복에 이를 수 있는 게 아닙니다. 오히려 타인에 비해 자신이 좀 더 나은 삶을 살고 있다거나 혹은 덜 불행하다고 여겨질 때 행복을 느낍니다.

행복의 절대적이고 객관적인 조건을 충족했기에 행복한 게 아니라, 주변 사람들이 어려운 상황에 놓여 있어 상대적으로 자신이 괜찮게 살고 있다고 생각될 때 행복한 감정을 갖는다는 말입니다.

어떤 사람이 열심히 일해서 좋은 성과를 올렸습니다. 회사로부터 월급의 두 배에 달하는 돈을 특별 보너스로 받았습니다. 예상치도 못한 돈을 받은 그는 너무 기쁘고 행복했습니다. 퇴근하자마자 집으로 달려가 아내에게 소식을 전하며 기쁨을 나누고자 했습니다. 그런데 아내는 시큰둥한 표정으로 말했습니다.

"옆집 남자는 월급의 열 배를 보너스로 받았다네? 그 말을 들으니까 좀 심란해."

행복한 얼굴로 집에 왔던 남자는 표정이 어두워졌습니다.

여기 두 친구가 있습니다. 그들은 원하는 대학에 들어가고자 이를 악물고 공부했습니다.

한 친구는 시험을 그다지 잘 치르지 못했기에 원하는 대학을 포기하고 다른 대학에 가야 했습니다. 그에 반해 다른 한 친구는 시험을 잘 치렀다며 원하는 대학에 당연히 합격할 거라고 자신만만해했습니다. 자신만만해하던 친구의 자랑을 들으며 시험을 잘 치르지 못한 친구는 기분이 비참했습니다.

그 친구의 합격자 발표일이었습니다.

"떨어졌어. 지원자가 몰려 합격선이 대폭 올라간 것 같아. 나 어떡해야 하냐? 미치겠다."

뜻밖에 낙방한 친구의 전화를 받은 다른 친구의 얼굴에 웃음꽃이 활짝 피어났습니다.

'남의 불행은 나의 행복'이라는 말이 있습니다. 남이 가지지 못한 걸 갖거나 남이 이루지 못한 걸 이룸으로써 능동적으로 행복을 느끼는 게 아니라, 주변 사람이 불행에 빠지거나 뜻하지 않게 위기에 처했을 때 상대방과의 비교를 통해 안도하며 수동적으로 행복을 느끼는 겁니다.

사촌이 괜찮은 땅을 샀다는 소식을 듣고 배가 아프다가도 그 땅이 자연환경보전지역으로 묶여 값이 폭락했다는 소식을 들으면 기분이 날아갈 듯 상쾌해지는 것이죠.

타인의 불행을 보며 행복을 느끼는 심리를 심리학에선 '샤덴프로이데(Schadenfreude)'라고 합니다. 독일어로 '남의 불행을 봤을 때 기쁨을 느끼는 심리'라는 뜻입니다. 손해를 뜻하는 '샤덴(Schaden)'과 기쁨이라는 의미의 '프로이데(freude)'를 합성해 만든 단어입니다. 그런데 이런 감정은 대체 왜 생기는 걸까요?

◇ 샤덴프로이데가 생기는 조건

2009년 2월 미국과학진흥협회에서 발간하는 종합 과학 저널 〈사이언스〉에 발표된 일본 교토대 의학대학원 다카하시 히데히코 교수팀의 연구 논문이 큰 반향을 불러일으켰습니다. 실험을 통해 샤덴프로이데가 생기는 동안 뇌에서 어떤 일이 일어나는지 직접 확인한 결과였기 때문입니다.

다카하시 교수팀은 평균연령 22세의 건강한 남녀 열아홉 명에게 가상의 시나리오를 건네주곤 읽으면서 자신을 주인공으로 생각하도록 했습니다.

주인공은 능력이나 경제력, 사회적 지위 등 모든 면에서 평범하며, 그를 제외한 다른 등장인물 세 명은 모두 대학 동창입니다. 시나리오엔 등장인물들의 대학 생활과 졸업 후 사회에 진출해 동창회에서 다시 만난 이야기가 묘사되어 있었습니다.

연구팀은 실험 참가자가 이야기를 따라가는 동안 뇌에서 나타나는 반응을 기능성자기공명영상(fMRI) 장치로 촬영해 분석했습니다. 그 결과, 놀라운 사실을 발견했습니다. 강한 질투를 느끼는 사람에게 급작스레 불행이 닥쳤을 때 실험 참가자의 뇌가 기쁨을 느꼈던 것입니다.

타인이 불행한 일을 겪었을 때, 특히 평소 나보다 잘났거나 많은 걸 가졌거나 내게 없는 걸 가졌다고 생각되어 질투를 느끼던 이에게 그런 일이 벌어졌을 때 더욱 강한 쾌감과 환희를 느낀다는 것입니다.

심리학 연구에 따르면 샤덴프로이데가 생기려면 몇 가지 조건이 필요합니다.

첫째, 그 일에 대한 책임이 불행한 일을 당한 이에게 있을 때입니다. 즉 나와 무관하게 스스로 벌인 일 때문에 당한 불행이죠. 자업자득으로 해석되는 불행입니다.

둘째, 불행 정도가 그다지 심각하지 않을 때입니다. 힘들지만 극복할 수 있을 만한 불행이라는 것이죠. 회복 불능의 극단적인 불행 앞에서 샤덴프로이데가 생기긴 어렵습니다.

셋째, 상대방의 사회적 위치가 높을수록, 다시 말해 그에 대한 열등감과 질투심이 크지만 그 차이가 메울 수 없을 만큼 커서 따라잡을 수 없을 때 샤덴프로이데가 생깁니다.

타인이 불행을 당해 괴로워하는 걸 보면서 대놓고 기뻐한다면 피도 눈물도 없는 사람이라고 손가락질을 받을 겁니다. 인정 없는 나쁜 사람이라고 다들 피하겠죠.

그러니 대놓고 즐거워하진 못합니다. 하지만 속으론 그런 불행이 자신에게 닥치지 않은 걸 다행이라 여기며 자신의 처지와 환경에 감사하고 또 행복을 느낍니다.

마음 깊은 곳에 있던 본능적 심리가 수면 위로 드러나는 순간입니다. 가까운 사람의 불행을 보고 행복해할 사람은 거의 없겠지만, 약간의 거리라도 있는 사람이라면 의외로 샤덴프로이데를 느끼는 경우가 많습니다.

이만하면 행복하다고 생각하는 사람이 있습니다. 그러다가도 주변에 자신보다 더 행복해 보이는 사람을 발견하면 곧바로 비교하며 자신은 행복하지 않다고 생각을 바꿉니다.

나는 불행하다고 여기며 괴로워하는 사람이 있습니다. 자신이 가진 걸 소유하지 못하고 자신의 환경보다 열악한 처지에 놓인 사람에 비하면 한없이 행복할 만한데도, 자신보다 더 가진 사람과 더 나은 환경에 놓인 사람만 바라보기에 항상 불행하다고 느끼며 살아갑니다.

행복은 외부에서 오는 게 아니라 자신의 마음으로부터 옵니다. 끝없이 남들과 비교하면서 내게 없는 것, 내게 부족한 것을 찾다 보면 어느 한순간 행복하다고 느낄 새가 없습니다.

◇ 주체적인 행복이 건강한 행복

사자와 당나귀와 여우가 친구가 되었을 때 당나귀와 여우는 우쭐했을 겁니다. 초원의 제왕인 사자와 친구가 되었으니까요. 마음껏 으스대며 사냥에 나섰고 먹잇감을 많이 얻었습니다. 정말 행복했을 겁니다.

다른 동물들 역시 당나귀와 여우를 부러워했을 게 틀림없습니다. 그런데 행복은 딱 거기까지였습니다. 이후 그들에겐 엄청난 불행이 들이닥쳤습니다.

당나귀는 자기가 사자와 동급이 된 줄 착각했습니다. 그래서 사냥한 짐승들을 3등분해 똑같이 나눴습니다. 사자의 자존심을 건드린 것이죠. 사자는 착각에 빠진 당나귀를 그 자리에서 가차없이 응징했습니다.

행복과 불행이 순식간에 뒤바뀌었습니다. 숨어서 지켜본 많은 동물이 샤덴프로이데를 느꼈을 겁니다. 당나귀처럼 사자의 친구가 되고 싶다고 생각하며 부러워했던 동물들이 사자의 친구가 되지 않길 천만다행이라며 가슴을 쓸어내렸겠죠.

한편 여우는 당나귀의 불행을 목격하곤 똑같은 불행을 당하지 않으려면 어떻게 해야 하는지를 금방 깨달았습니다. 자신은 결코 사자와 동급이 아니었던 거죠. 사자의 기쁨이 곧 자신의 행복이었고, 사자의 분노가 곧 자신의 불행이었습니다.

사냥해서 얻은 먹잇감을 더 많이 소유하는 게 행복이 아니었습니다. 사자에게 더 많은 먹잇감을 배분하는 게 행복이었죠. 남이 당한 불행을 보면서 자신의 진정한 행복이 어디 있는지 제대로 발견한 것입니다.

여우가 당나귀의 불행을 보고도 먹잇감에 눈이 어두워 똑같이 둘로 나눴다면 어떻게 되었을까요? 더 많은 소유를 통해 행복해지려다가 당나귀처럼 모든 걸 잃는 불행을 맛봐야 했을 겁니다.

그렇다고 자신은 아무것도 갖지 않을 테니 사냥해온 먹잇감 모두를 사자가 가지라고 양보했으면 어떻게 되었을까요? 사자의 자존심을 건드려 화를 당했을지도 모릅니다.

여우는 사자의 자존심을 지켜주면서 화를 면해 가장 행복해지는 최선의 길을 찾아낸 겁니다. 이 모두가 당나귀의 불행을 보고 자신과 비교하면서 깨달은 지혜입니다.

남들과의 비교를 통해 행복을 찾는 사람들이 많습니다. 남들보다 비교 우위에 있으면 행복하고, 그렇지 않으면 불행하다고 생각하는 것이죠. 남의 행복은 나의 불행이고, 남의 불행은 나의 행복처럼 느끼는 겁니다.

이런 태도로 살아간다면 내 인생은 언제나 불행합니다. 나보다 행복해 보이는 사람에겐 우울증과 열등감을 느낍니다. 자존감과 자신감이 떨어지고, 늘 주눅이 듭니다.

나보다 불행해 보이는 사람에겐 은밀한 샤덴프로이데를 느낍니다. 그러나 샤덴프로이데는 건강한 행복이 아닙니다. 남들이 불행해져야만 내가 행복한 건 진정한 행복이라고 할 수 없죠.

비교하지 않고 나만의 주체적인 행복을 찾아 온전히 느끼고 즐기는 게 건강한 행복입니다. 나도 남도 다 같이 행복한 게 참 행복 아닐까요?

행복은 외부에서 오는 게 아니라 자신의 마음으로부터 온다. 끝없이 남들과 비교하면서 내게 없는 것, 내게 부족한 것을 찾다 보면 어느 한순간 행복하다고 느낄 새가 없다.

내일을 예측하고 준비하되
주어진 오늘을 즐기는 삶

거울에 대비해 음식을 모으는 개미와
따뜻한 계절 동안 노래를 부르며 시간을 보낸 베짱이의 이야기

—— 개미와 베짱이 ——

무더운 여름이었습니다. 너무 더워 조금만 움직여도 땀이 줄줄 흘러내렸습니다. 그런데도 개미들은 열심히 일했습니다. 추운 겨울이 오기 전에 식량을 많이 모아둬야 했기 때문입니다.

땡볕 아래에서 일하는 건 정말 힘든 일이었지만, 개미들은 꾹 참고 부지런히 일했습니다. 하지만 베짱이는 그렇지 않았습니다. 시원한 나무 그늘에서 흥얼거리며 놀기만 했습니다.

"어이, 개미들. 한여름에 무슨 고생이야? 쉬엄쉬엄 놀면서 하라고."

베짱이는 개미들을 보며 놀려댔습니다. 그러면서 종일 노래를 부르며

시간을 보냈습니다.

소슬바람이 부는 가을이 되었습니다. 개미들은 여전히 바쁘게 일했습니다. 곧 추운 겨울이 닥칠 걸 알았으니까요. 그러나 베짱이는 변함없이 노래하며 노는 일에만 몰두했습니다.

"베짱이야, 너도 겨울 보낼 준비를 해야지. 곧 추위가 닥칠 거야."

개미들은 베짱이에게 충고했지만, 베짱이는 들은 체도 하지 않았습니다.

"쓸데없는 소리 하지 마. 난 지금 놀기에도 바쁘다고!"

마침내 추운 겨울이 되었습니다. 매서운 칼바람이 불고 눈이 펑펑 쏟아져 내렸습니다. 밖에선 살기가 어려웠습니다. 따뜻한 집 안에서 모아둔 양식을 먹으며 지내야 했습니다.

하지만 베짱이에겐 따뜻한 집도 모아둔 양식도 없었죠. 먹을 것을 찾아 헤맸지만 구할 수가 없었습니다. 결국 굶어 죽을 지경이 된 베짱이는 개미집을 찾아가 도움을 청했습니다.

"개미야, 너무 춥고 배가 고파. 먹을 것 좀 줄 수 있겠니?"

개미들이 문을 열곤 초라한 행색으로 떨며 서 있는 베짱이를 보고 말했습니다.

"너는 왜 여름에 양식을 모아놓지 않은 거야?"

베짱이는 기운 없는 목소리로 대답했습니다.

"온종일 노래해야 했기 때문에 그럴 여유가 없었어."

그 말을 들은 개미들이 베짱이에게 말했습니다.

"그럼 여름엔 노래를 불렀으니 겨울엔 춤이나 추는 게 좋을 것 같은데?"

그러며 문을 쾅 닫고 들어가버렸습니다.

결국 베짱이는 추위와 배고픔을 견디지 못하고 여기저기 헤매다가 굶어 죽고 말았습니다.

◇ 억울한 '게으름뱅이' 베짱이

이 우화의 원제는 '매미와 개미들'입니다. 베짱이 대신 매미가 등장합니다. 튀르키예어로 매미와 베짱이가 똑같은 단어를 사용하기 때문에 번역 과정에서 오역된 거라는 설이 있고, 매미는 지중해 기후인 그리스에선 서식하지만 유럽 북부에선 익숙하지 않은 곤충이기에 그리스에서 알프스 북부로 전해지는 과정에서 흔한 곤충인 여치로 번역되었다는 설도 있습니다.

아무튼 이 우화로 베짱이는 일 안 하고 게으른 곤충의 대명사가 되었고, 개미는 근면하고 성실한 곤충의 대명사가 되었습니다. 어린 시절엔 베짱이처럼 살면 굶어 죽기 딱 좋으니 개미처럼 열심히 일하면서 저축하며 살아야 한다고 배웠습니다.

하지만 우리나라에서 베짱이는 밤새도록 베, 즉 삼으로 짠 천을 만드는 부지런한 벌레로 여겨졌습니다. 그런가 하면 베짱이 울음소리가 베틀 움직이는 소리와 비슷하다고 해서 중국에선 '직조충(織造蟲)'이라고 부르기도 했습니다.

베짱이는 초여름부터 가을까지 성충 시기를 보내다가 알 상태로

월동하는 곤충입니다. 겨울이 오기 전에 수명이 다 되어 생을 마감하는 것이죠.

그러니 베짱이가 겨울에 먹을 게 없어 개미를 찾아갔다는 이야기는 성립하기 힘듭니다. 만약 그랬다면 개미에게 먹이를 구하러 간 게 아니라 개미를 사냥하러 갔을 확률이 높습니다. 베짱이는 주로 다른 곤충을 먹고 사는 육식성이기 때문입니다.

따라서 베짱이로선 자신이 일은 안 하고 노래만 부르는 게으름뱅이로 묘사된 데 대해 상당히 억울할 수 있습니다. 개미도 자세히 들여다보면 쉬지 않고 열심히 일하는 건 일개미일 뿐, 여왕개미는 편히 누워 일하지 않고 놀고먹으니까요.

프랑스의 곤충학자 장 앙리 파브르는 『파브르 곤충기』 제5권 「매미 연구 편」에서 『이솝우화』 가운데 매미가 베짱이로 와전된 부분을 지적한 바 있습니다. 또한 원문에서 매미가 먹지도 못하는 곡식이나 죽은 벌레를 구걸하는 건 오류라고 밝혔습니다. 아울러 매미의 명예를 회복시키겠다는 의지까지 밝혔습니다. 매미, 그러니까 베짱이로선 둘도 없는 지원군을 만난 셈입니다.

배경이나 생태에 관한 논란 외에도 이 이야기만큼 무수한 비판을 받으며 각기 다른 버전이 등장한 경우도 없을 겁니다.

열심히 일만 하며 살면 풍요로워지고 개성에 따라 하고 싶은 걸 하며 살면 빈곤해진다는 이분법적 논리를 아이들에게 가르치는 건 맹목적이라는 것입니다.

더구나 먹을 걸 달라고 찾아온 베짱이를 야멸차게 쫓아냄으로써 마침내 굶어 죽게 된다는 결말은 권선징악을 넘어 너무 비인간적이고 잔인하다는 것이죠.

더 나은 미래를 위해 현재 삶의 많은 부분을 포기할 것인가 아니면 불투명한 미래보다 현실에 더 충실하며 지금을 행복하게 보낼 것인가는 개인의 선택에 달린 문제이지 사회적으로 강요할 사항은 아니라는 겁니다. 얼마든지 다양한 해석이 가능한 이야기입니다.

◇ 현재를 사는 행복을 선택한 베짱이

원작자인 이솝이 아닌 다른 작가들은 이 이야기를 어떤 방식으로 패러디했을까요?

장편소설 『슬픔이여 안녕』으로 유명한 프랑스의 천재 작가 프랑수아즈 사강은 『거꾸로 읽는 개미와 베짱이』라는 작품을 썼습니다. 여기서 개미와 베짱이의 모습은 완전히 뒤바뀝니다.

식품점에서 일하는 개미는 겨우내 먹을 걸 들여옵니다. 그렇지만 여름이 되도록 음식이 팔리지 않습니다. 급기야 모아둔 음식에 파리와 벌레가 모여들죠.

개미는 한 가지 꾀를 냅니다. 베짱이를 찾아가 겨울을 대비해 미리 음식을 사두라고 제안한 겁니다. 겉으론 태연하지만, 사실 개미는 초조하기 짝이 없습니다. 반면 베짱이는 느긋합니다.

시큰둥한 베짱이의 태도에 실망한 개미는 음식을 빌려줄 테니

들여놓으라고 강권합니다.

"먹을 걸 빌려 드릴게요. 빌린 음식은 이자를 쳐서 가을 즈음에 주시면 돼요."

그런데도 베짱이는 관심을 보이지 않습니다. 오히려 개미에게 되묻습니다.

"겨우내 뭘 하신 건가요?"

개미는 자신이 얼마나 쉬지 않고 열심히 일해 먹을 걸 모았는지 이야기해줍니다.

"대단하네요. 그럼 이제 싸게 팔면 되겠군요."

별일 아니라는 듯 대꾸한 베짱이는 여전히 춤추며 노래하는 데 여념이 없습니다.

베짱이의 통쾌한 복수입니다. 프랑수아즈 사강은 이 작품을 통해 독자들에게 묻습니다.

"인생의 진정한 행복은 무엇인가요?"

내게 주어진 현재를 행복하게 사는 게 좋은가 아니면 오늘은 다소 불편하고 힘겹더라도 내일을 준비하며 사는 게 좋은가 하는 질문이죠.

답은 각자의 몫이지만, 프랑수아즈 사강은 지금의 행복을 택한 것 같습니다. "나는 나를 파괴할 권리가 있다."라고 외쳤던 그녀니까요. 그녀에게 베짱이는 자족하면서 현재의 삶을 즐기는, 행복이 무엇인지 아는 주인공입니다.

◇ 각자의 행복을 위해 최선을 다한 삶

폴 고갱의 생애를 모델로 한 소설『달과 6펜스』로 유명한 영국 작가 서머싯 몸은 「개미와 베짱이」라는 단편소설을 남겼습니다. 작품에는 두 형제가 등장합니다.

동생 톰은 전형적인 베짱이입니다. 20대에 직장을 때려치우고 평생 방황과 탕진 속에서 보냅니다. 형 조지는 착실하기 이를 데 없는 개미입니다. 형은 동생 빚을 대신 갚아주려고 일을 하느라 등골이 휩니다.

25년의 세월이 흐른 뒤 중년이 된 조지가 톰에게 말합니다.

"나는 평생의 3분의 1을 저축하며 살았다. 50살이 되면 3천 파운드가 모인다. 넌 그때야 알 것이다. 열심히 일하는 것과 빈둥빈둥 노는 것 중 어느 게 정말 이득인지."

그러나 현실은 조지의 예상과는 전혀 다르게 전개됩니다. 동생 톰이 어머니뻘 되는 귀부인과 재혼했는데, 얼마 지나지 않아 그녀가 사망한 것입니다.

그녀가 남긴 재산은 엄청났습니다. 무려 50만 파운드의 현금과 호화로운 요트 한 척과 런던에 있는 커다란 저택 등…. 횡재한 톰은 졸지에 갑부가 되었습니다.

형 조지의 분노와 함께 소설은 끝이 납니다.

"이건 공평하지 못해. 공평하지 않단 말이야, 제기랄."

조지는 동생 뒤치다꺼리를 하며 성실하게 돈을 모아 3천 파운드를 마련했지만, 사고뭉치로 허랑방탕하게 살았던 톰은 본인의 노력과 무관하게 형이 모은 돈의 수백 배가 넘는 일확천금을 거머쥐었습니다.

부지런한 개미의 일생이 게으른 베짱이의 홈런 한 방으로 한순간에 역전된 것입니다. 조지의 절규는 모든 평범한 개미의 절규인지도 모릅니다.

"인생의 행복은 어디에서 찾을 수 있을까요?"

서머싯 몸이 독자들에게 던지는 질문입니다.

노력한 만큼 공평하게 똑같이 주어지는 게 행복일까요? 인생이 노력의 대가라면 결과에 모두가 만족할까요? 자신이 추구하는 행복을 위해 최선을 다해 살았다면 결과가 어떻든 겸허하게 받아들이고 만족해야 하지 않을까요?

누구나 톰이 될 수 있고, 조지가 될 수도 있습니다. 그것이 인생입니다.

◇ 현재를 살 것인가, 미래를 살 것인가

시대가 변했습니다. 이솝이 살던 시대와 지금은 비교할 수조차 없이 달라졌습니다.

'개미와 베짱이' 우화에 대한 해석도 바뀌었죠. 개미가 인생의 모델이고 베짱이가 경계의 대상이던 시절은 갔습니다. 지금은 개성 있고 삶을 즐길 줄 아는 베짱이가 더 인기를 끕니다.

개미처럼 밤낮없이 일만 하는 '일 중독자(A Workaholic)'는 '번아웃 증후군(Burnout Syndrome)'으로 점점 도태되고 가족에게도 외면당하기 쉽습니다.

번아웃 증후군은 의욕적으로 일에 몰두하던 사람이 어느 날 갑자기 극도의 신체적, 정신적 피로감을 호소하며 무기력해지는 현상을 가리킵니다. 개미처럼 일에 푹 빠져 살던 사람이 갑자기 나가떨어지는 것이죠.

쉴 때 쉬고 일할 때 일하며 자신의 관심과 취향에 따라 하루하루를 즐기는 삶, 즉 워라밸('일과 삶의 균형'이라는 의미인 'Work-Life Balance'의 준말)이 중요한 가치가 되었습니다.

내일이 없는 것처럼 현재에 모든 걸 소진하며 사는 것도 위험하고, 행복은 전부 내일로 미뤄놓고 현재는 괴로운 게 당연하다며 참기만 하는 것도 위태롭습니다.

균형이 중요합니다. 미래를 예측하고 준비하는 건 바람직스러운 일이지만, 다가오지 않은 내일에 대해 지나치게 불안해하고 걱정하는 건 좋은 태도가 아닙니다. 불안과 걱정은 아무것도 해결해주지 않습니다. 과도한 불안과 걱정은 정신질환으로 가는 지름길이 될 수도 있습니다.

인생의 정답은 개미에게만 있지 않고 베짱이에게만 있지도 않습니다. 일할 땐 개미처럼 일하고 놀 땐 베짱이처럼 노는 것, 미래를 위해 희망을 품고 준비하되 현재 주어진 하루도 즐겁고 행복하게 보내려 애쓰는 것이 지혜로운 삶 아닐까요?

고정관념을 깨고 세상을 새롭게 바라보는 것이야말로 멋진 인생을 사는 방법일 겁니다.

더 나은 미래를 위해 현재 삶의 많은 부분을 포기할 것인가 불투명한 미래보다 현실에 더 충실하며 지금을 행복하게 보낼 것인가는 개인의 선택에 달린 문제이지 사회적으로 강요할 사항은 아니다.

내가 먼저 물러나는 건
결국 나를 위한 일이다

외나무다리에서 만난 두 염소가 비켜주지 않고 싸우다가
함께 다리 아래로 떨어져버린 이야기

── 외나무다리에서 만난 두 염소 ──

어느 깊은 계곡에 외나무다리가 있었습니다. 동물들이 좁고 가느다란 외나무다리를 건널 때면 모두 조마조마한 마음이었습니다. 조심하지 않으면 발을 헛디디거나 외나무다리가 기우뚱하면서 아래로 떨어질 수 있기 때문입니다. 다리 아래에는 거센 계곡물이 흐르고 있었습니다. 혹시라도 떨어지면 크게 다치거나 물살에 휩쓸려 떠내려갈 수 있었습니다.

　하루는 어떤 염소 한 마리가 외나무다리 근처에서 풀을 뜯어 먹고 있었습니다. 그러다가 반대편을 쳐다봤습니다. 그쪽에 있는 풀이 훨씬 더 싱싱하고 맛있어 보였습니다. 그래서 다리를 건너기로 했죠.

외나무다리 중간쯤 갔을 때 난처한 일이 벌어졌습니다. 맞은편에서 건너온 다른 염소를 만난 겁니다. 비켜갈 수 없을 만큼 좁았기에 한쪽이 뒤로 물러나야 했습니다.

"이봐, 내가 먼저 왔으니까 그쪽이 뒤로 비켜나도록 해."

"아니지, 내가 더 많이 건너왔으니 그쪽이 뒤로 물러나는 게 맞지."

두 염소는 서로 먼저 건너왔다느니 많이 건너왔다느니 하면서 상대방의 양보를 요구했습니다. 하지만 누구도 먼저 물러날 생각이 없었습니다. 싸움은 점점 더 거칠어지고 험악해졌습니다.

"정말 말이 안 통하는 염소일세. 좋게 말할 때 당장 비켜나지 못해?"

"뭐라고? 이거 아주 막무가내구먼. 어서 썩 뒤로 물러나지 못해?"

이러다간 맛있는 풀을 먹기는커녕 싸우다가 해가 떨어지게 생겼습니다.

"야, 잘못하면 계곡물에 빠지겠다. 네가 물러나면 둘 다 좋잖아?"

"내 말이. 네가 비켜나면 깨끗이 끝날 일이라고. 난 절대로 못 비켜!"

끝내 말싸움이 몸싸움으로 번졌습니다. 뿔을 들이밀며 상대방을 밀쳐내기 시작한 겁니다.

그때였습니다. 힘으로 상대를 제압하려던 두 염소는 몸의 균형을 잃고 함께 외나무다리 아래로 고꾸라져버렸습니다. 깊은 계곡물에 풍덩 빠진 두 염소는 허우적거리며 물살에 쓸려 떠내려가다 큰 바위에 부딪혀 죽고 말았습니다. 죽어가면서 두 염소는 똑같이 후회했습니다.

'이럴 줄 알았더라면 내가 먼저 양보하고 비켜줄 걸…'

◇ 운전대만 잡으면 난폭해지는 이유

운전하다 보면 아찔할 때가 참 많습니다. 충분히 여유가 있다 싶어 방향지시등을 켜고 차로를 변경하려 하면 멀찍이 있던 뒤차가 갑자기 속력을 내면서 바짝 따라붙습니다. 심지어 경적을 울리거나 전조등을 깜빡거리며 들어오지 말라는 신호를 보냅니다. 말이 신호지 위협입니다.

길을 잘 알거나 내비게이션에 주의를 기울인 채 운전하면 괜찮지만, 운전 중에 잠깐 다른 생각에 잠겨 있다가 아차 싶어 이정표를 확인하면 길을 놓친 경우가 있습니다. 다급한 마음에 갑자기 차로를 바꾸려 하면 순순히 양보해주는 차가 없어 애를 먹기도 합니다.

실생활에서 양보와 배려가 가장 필요한 게 운전할 때가 아닐까 생각합니다. 조금만 더 양보하고 배려하면 교통사고도 많이 감소할뿐더러 운전하면서 생길 수 있는 다툼과 스트레스도 상당히 줄어들 겁니다.

다른 차가 끼어드는 걸 절대로 허용하지 않으면서 정작 자신은 조금만 밀리면 차로를 바꿔 요리조리 위험하게 운전한다고 대단히 빨리 가는 것도 아닙니다.

목적지에 도착하는 시간을 측정하면 충분히 양보하면서 여유 있게 운전하는 사람과 큰 차이가 나지 않습니다. 양보와 배려가 몸에 배지 않아 그렇게 하지 않는 것뿐입니다.

평소에는 매우 온순한데 차에 타서 핸들만 잡으면 헐크처럼 변하는 사람이 있습니다. 자동차 경주하듯 거칠게 운전하면서 조금만 마음에 들지 않으면 창문을 내리고 상대방 운전자에게 욕설을 퍼붓습니다.

젊은 사람이 한참이나 나이 많은 어른에게 다짜고짜 반말을 내뱉고 삿대질을 합니다. 그러고도 분을 참지 못하는 사람은 보복 운전을 하기도 하고 흉기를 들고 달려와 폭력을 행사하기도 합니다.

도로 위의 폭력과 난폭 행위에 대해 처벌이 강화되고 있음에도 여전히 핸들을 잡으면 평화보다 위협을 더 자주 경험합니다.

핸들만 잡으면 양보를 잊은 채 과격한 행동을 일삼는 사람들의 심리 상태는 어떨까요?

사람들은 타고난 본능을 억제하며 살아갑니다. 가정에서도 학교에서도 직장에서도 하고 싶은 대로 하며 살 수 없습니다. 정해진 규범과 조건 등에 맞춰 살 수밖에 없죠.

대인관계도 마찬가지입니다. 어른, 선배, 상사의 눈치를 살펴야 합니다. 그러다 보니 스트레스를 많이 받고 밖으로 분출되지 못한 감정들이 차곡차곡 쌓입니다.

자동차는 이런 굴레에서 벗어나 해방감을 느낄 수 있는 곳입니다. 익명성이 보장된 자신만의 공간이죠.

좋아하는 음악을 얼마든지 크게 들을 수 있고, 가고 싶은 곳은 어디라도 갈 수 있으며, 내고 싶은 속도만큼 달리며 쾌감을 얻을 수 있습니다.

아무도 이래라저래라 간섭하지 않는 자유의 영역입니다. 타인과의 관계를 생각하지 않아도 됩니다. 자동차와 자동차라는 대등한 관계의 세계로 진입하는 것이죠.

따라서 상대방을 하나의 인격체로 보지 않고 한 대의 자동차로 인식할 뿐입니다. 이런 상황에서 그동안 분출되지 못했던 억눌린 감정들, 즉 흥분, 분노, 모멸감, 무시 등 부정적인 본능들이 꿈틀거리는 것입니다.

다른 차가 느닷없이 자기 차 앞으로 끼어들려 한다든지, 뒤차가 별안간 경적을 크게 울린다든지, 앞차가 갑자기 급브레이크를 밟는다든지 하는 일정한 계기만 주어지면 그동안 억눌린 감정들이 여과 없이 바로 폭발해버립니다.

상대방이 누구라도 상관없습니다. 인격 대 인격으로 만나는 게 아니라 자동차 대 자동차로 만나는 거니까요.

게다가 차와 차 사이의 소통은 사람과 사람 사이에 이뤄지는 언어가 아니라 소리나 불빛 같은 비언어적 장치로 이뤄집니다. 소통능력이 현저하게 낮아지는 것이죠.

운전자들 사이에 오해와 다툼이 생기면 대화로 해결하기보다 감정적, 기계적으로 해결하려는 태도를 보이는 건 이 때문입니다.

◇ 손해에 민감하게 반응하는 경향

'외나무다리에서 만난 두 염소' 우화를 현대인의 삶에 적용해보면 가장 피부에 와닿는 분야가 운전이 아닐까 싶어 운전에 관한 이야기를 해봤습니다.

실제로 차 한 대 겨우 지나갈 정도로 좁은 골목이나 시골 마을 오솔길 혹은 외진 산자락에 난 협로에서 마주 오는 차와 맞닥뜨리면 곤란하기 이를 데 없습니다.

어느 한쪽이 두 차가 비켜갈 만큼 넉넉한 공간이 나올 때까지 뒤로 물러나줘야만 평화롭게 해결이 날 수 있습니다. 상대방이 먼저 물러날 걸 요구하며 강하게 대치하면 끝이 나지 않습니다. 아무도 앞으로 나갈 수 없죠.

결국 둘 다 목적지에 이를 수 없습니다. 누구든 먼저 양보하는 게 가장 빨리 가는 방법입니다.

그런데 왜 이게 어려운 걸까요? 조금만 생각해봐도 뻔히 알 수 있는 걸 하지 않아서 갈등이 커지고 원치 않는 파국에까지 이르게 됩니다.

비단 운전만이 아닙니다. 가정에서, 학교에서, 직장에서 또는 각종 단체나 모임 등에서 나와 타인 사이에 이와 같은 일이 벌어질 때가 많습니다.

비교적 단순한 일도 있고 다소 복잡한 일도 있지만, 결국은 먼저 양보하고 상대방을 존중하며 서로의 입장을 배려하면 원만하게 끝날 일인데도 자존심을 내세우며 기 싸움을 하려 드니 계속해서 평행선 위를 걷는 겁니다.

이성적으로 생각하고 객관적으로 판단하며 합리적으로 예측하는 게 아니라 감정적으로 받아들이고 대응하는 것이죠.

'양보하면 지는 거야.'

'여기서 물러서면 나만 바보 되겠지?'

'조금만 더 버티고 밀어붙이면 내가 이길 수 있어.'

마음속을 들여다보면 이런 생각이 자리 잡고 있습니다. 대인관계에서 벌어지는 일을 두고 승부를 가리는 게임 혹은 승패가 판정나는 경기로 생각하는 것이죠. '양보=패배', '고집=승리'라는 편견에 사로잡혀 있는 겁니다.

가족 간에도 마찬가지입니다. 남편과 아내 사이, 부모와 자녀 사이, 형제자매 사이에 의견 차이가 있을 때 먼저 양보하기보다 상대방의 양보를 기대하거나 강요합니다. 양보하면 나만 손해를 보고 상대방에게 우습게 보일 뿐이기에 버텨야 한다고 생각합니다.

한 번 양보하면 두 번, 세 번 계속 양보하다가 패자가 된다고 여깁니다. 뻔뻔스럽더라도 모질게 밀어붙이면 승리를 거머쥐고 이익을 얻으므로 눈 딱 감고 버티는 겁니다.

손해 보고 싶지 않은 마음, 양보를 꺼리게 만드는 심리를 '손실회피 편향(Loss Aversion)'으로 설명할 수 있습니다. 2002년 노벨경제학상을 수상한 심리학자이자 경제학자인 미국 프린스턴대학교의 대니얼 카너먼은 '행동경제학의 창시자'로 불립니다. 그가 연구한 주제 중 하나가 바로 손실 회피 편향입니다.

사람은 대부분 내가 얻게 될 이득보다 내가 보게 될 손해에 더 주목하며 민감하게 반응한다고 합니다. 이득으로 인한 기쁨보다 손해로 인한 두려움이 크다는 것이죠. 기쁨은 순간이지만, 쓰라린 기억은 상당히 오래갑니다. .

◇ 내가 먼저 상대방을 이해하고 존중한다면

길을 가다가 5만 원짜리 지폐를 주웠습니다. 주변을 둘러보니 아무도 없습니다. 주인을 찾아주기 어렵습니다. 주머니에 돈을 넣고 집으로 왔습니다. 공돈 5만 원이 생겼으니 기분이 좋습니다. 생각지도 않은 횡재에 공돈 5만 원으로 뭘 할까 궁리하니 하루 내내 즐거웠습니다.

하루는 백화점에 물건을 사러 갔는데, 분명히 가지고 나온 돈 5만 원이 주머니에 없습니다. 어디선가 잃어버린 게 확실합니다. 아무리 찾아봐도 돈이 없어서 물건을 사지 못하고 뒤돌아 나왔습니다. 너무 속상하고 화가 났습니다. 우울한 기분이 며칠 이상 계속되었습니다.

5만 원을 주워서 얻게 된 기쁨은 오래가지 않지만, 5만 원을 잃어버려서 생겨난 허탈감과 울적함은 꽤 오래갑니다. 이득보다 손해가 감정과 기억에 미치는 영향이 더 큰 것이죠.

동전을 던져 앞면이 나오면 100만 원을 벌고 뒷면이 나오면 50만 원을 잃는 게임이 있다고 했을 때, 사람들은 어떤 반응을 보일까요? 대부분 게임을 하지 않으려고 합니다. 100만 원의 이익보다 50만 원의 손해를 더 크게 여기기 때문입니다.

앞면과 뒷면이 나올 확률이 50%씩이라면 한 번은 앞면이 나오고 한 번은 뒷면이 나왔을 때 게임 참가자는 50만 원을 벌 수 있습니다. 기대이익이 큰 게임이죠.

그러나 만에 하나 뒷면이 나오거나 만회하려고 한 번 더 했는데도 뒷면이 나온다면 100만 원을 잃습니다. 매우 적은 확률임에도 사람들은 불길한 확률이 나올 걸 염려합니다. 그래서 아예 게임을 하지 않습니다.

인생은 승패를 가르는 치열한 경기가 아닙니다. 당시엔 굉장한 일 같아도 지나고 나면 별것 아닌 일이 많습니다. 뒤로 물러서면 큰 낭패를 볼 것 같지만 나중에 보면 그렇지도 않습니다.

내가 먼저 물러서고 양보하고 상대방을 이해하고 존중하면, 지금 당장 손해인 것 같아도 결국은 그 영향이 내게 긍정적 결과로 돌아오게 되어 있습니다.

죽어도 양보할 수 없다며 버티고 싸워 봐야 나만 손해입니다. 인생은 길게 봐야 합니다.

외나무다리에서 만난 두 염소 중 한 마리가 이렇게 말했더라면 어땠을까요?

삶의 자극제가 되는 발칙한 이솝우화

"내가 뒤로 물러날 테니 네가 알고 있는 맛있고 싱싱한 풀 있는 곳 한 군데를 알려줄래?"

그랬더라면 맞은편 염소도 이렇게 대답하지 않았을까요?

"좋아. 알려주지. 그리고 다음에 외나무다리에서 또 만나면 그땐 내가 먼저 물러날게."

두 염소 모두 죽지 않고 맛있고 싱싱한 풀을 나눠 먹는 친구가 되었을지도 모릅니다. 작은 것 하나를 더 얻으려다 큰 것까지 전부 잃게 되는 건 알량한 이기심과 욕심 때문입니다.

비교적 단순한 일도 있고 다소 복잡한 일도 있지만, 결국은 먼저 양보하고 상대방을 존중하며 서로의 입장을 배려하면 원만하게 끝날 일인데도, 자존심을 내세우며 기 싸움을 하려 드니 계속해서 평행선 위를 걷는 것이다.

해결되지 않을
수많은 걱정에서 해방되는 길

결혼한 두 딸을 향한 걱정이 상반되어 걱정인
어느 아버지의 이야기

—— 아버지와 딸들 ——

어떤 아버지에게 두 딸이 있었습니다. 장성한 두 딸은 각각 사랑하는 남
자를 만나 결혼했습니다. 큰딸의 남편은 원예사였습니다. 꽃을 좋아하고
식물 가꾸는 일에 취미가 있던 큰딸이 자기에게 딱 맞는 원예사를 만난
것이죠. 작은딸의 남편은 도공이었습니다. 크고 작은 그릇을 만들어 팔았
습니다. 살림에 재미를 붙인 작은딸은 그릇을 참 좋아했습니다.

어느 날 아버지는 큰딸이 시집가서 잘살고 있는지 궁금해 그녀의 집을
찾아갔습니다.

"그래, 남편과는 사이가 좋으냐? 사는 데 별다른 어려움은 없고?"

아버지가 큰딸에게 물었습니다. 그러자 큰딸이 시무룩한 얼굴로 대답했습니다.

"남편도 잘해주고 시부모님도 예뻐해줘서 아무런 어려움이 없어요. 다만 한 가지…."

"한 가지가 뭐냐? 무슨 힘든 일이 있는 게야?"

"애써 가꾼 식물과 꽃이 시들거나 죽지 않으려면 날씨가 흐리고 비 오는 날이 많아야 해요. 해가 너무 쨍쨍 내리쬐면 식물과 꽃이 말라버리거든요. 그러면 내다 팔 수가 없어요."

"그렇구나. 비를 내려달라고 틈나는 대로 신에게 간절히 기도하마."

얼마 후 아버지는 작은딸의 집을 방문했습니다. 어떻게 살고 있는지 궁금하긴 마찬가지였으니까요. 아버지는 작은딸이 정성껏 차려준 밥을 먹고 나서 이런저런 이야기를 나눴습니다. 작은딸 역시 남편과 시부모님에게 많은 사랑을 받으며 잘살고 있다고 했습니다.

"아버지, 그런데 걱정거리가 하나 있어요."

"그게 뭐냐? 우리 예쁜 딸이 걱정할 일이 뭐가 있어?"

"어렵사리 빚어 만든 그릇들이 잘 말라야 시장에 내다 팔 수 있는데, 비가 오면 제대로 마르지 않아 상품 가치가 점점 떨어져요. 해가 쨍쨍 내리쬐는 날이 좀 많았으면 좋겠어요."

"그렇겠구나. 해가 쨍쨍하게 비춰달라고 매일같이 신에게 간절히 기도하마."

집으로 돌아온 아버지는 걱정이 태산이었습니다. 비가 오는 날은 작은

딸 얼굴이 떠올라 걱정이었고, 햇볕이 화창한 날은 큰딸 얼굴이 떠올라 걱정이었기 때문입니다.

흐린 날은 흐려서 걱정, 맑은 날은 맑아서 걱정이었죠. 아버지 얼굴에 근심이 끊일 날이 없었습니다. 신에게 기도도 할 수 없었습니다. 비를 내려달라고도 해를 비춰달라고도 할 수 없었으니까요.

◇ 자나깨나 자식 걱정하는 부모

우리 구전 동화 중에도 비슷한 게 있습니다. '소금 장수와 우산 장수' 이야기입니다. 이 이야기에는 두 아들이 등장합니다. 어떤 어머니에게 아들이 둘 있었습니다. 한 아들은 소금 장수였고, 다른 아들은 우산 장수였죠. 어머니는 비 오는 날은 소금 장수 아들 걱정을 하고, 쾌청한 날은 우산 장수 아들 걱정을 했습니다. 비가 오면 소금이 팔리지 않았고, 날이 맑으면 우산이 팔리지 않았기 때문입니다. 이 어머니 역시 걱정이 끊일 날이 없었습니다.

중국에도 유사한 이야기가 전해집니다. '짚신 장수와 우산 장수' 이야기입니다. 중국 산시성에 있는 절 남선사 근처에 한 노파가 살았습니다. 할머니는 비가 오는 날도 밖에 나와 울고, 화창한 날에도 밖에 나와 울었습니다. 시도 때도 없이 우는 할머니를 보고 한 스님이 이유를 물었습니다. 그랬더니 할머니가 대답했습니다.

"제게 딸이 둘 있습니다. 큰딸은 짚신 장수에게, 작은딸은 우산 장수에게 시집을 갔습니다. 그래서 비가 오면 큰딸 걱정에 눈물이 나고, 날이 좋으면 작은딸 걱정에 눈물이 납니다.”

이 할머니 또한 자식 걱정에 비가 오나 해가 뜨나 날마다 걱정을 달고 살았던 겁니다.

왜 여러 시대와 나라에 걸쳐 비슷한 이야기들이 전해져 내려오는 걸까요? 동서고금을 막론하고 부모의 자식 사랑은 대개 비슷하기 때문입니다.

잘났든 못났든 자기 자식을 세상에서 가장 사랑하는 건 바로 부모입니다. 내가 사고뭉치이고 교도소를 제집처럼 드나들고 불효를 거듭해도 끝까지 나를 믿고 지지하며 사랑해주는 사람은 오직 부모뿐입니다.

자식에 대한 부모의 사랑은 조건도 없고 한계도 없고 기한도 없습니다. 맹목적인 사랑입니다. 내가 낳고 기른 내 분신이자 또 하나의 나인 까닭입니다.

이 같은 부모의 지극한 사랑이 ‘걱정’이라는 감정으로 표현됩니다. 밥을 안 먹어도 걱정, 너무 잘 먹어도 걱정, 집 밖으로 안 나가도 걱정, 눈만 뜨면 집 밖으로 나가도 걱정, 걸어가면 넘어질까 봐 걱정, 차를 타면 사고 날까 봐 걱정, 공부를 안 하면 안 해서 걱정, 열심히 공부만 하면 건강 해칠까 봐 걱정, 친구가 없어도 걱정, 친구가 너무 많아도 걱정….

자식 걱정은 평생 끝날 수가 없습니다. 자식이 장성하고 결혼해서 애를 낳고 머리가 하얗게 세도 부모 눈에 비친 자식은 마냥 어리기만 합니다. 그러니 걱정을 내려놓을 수가 없는 겁니다.

'가지 많은 나무에 바람 잘 날 없다.'라는 속담이 있습니다. 자식이 여럿이더라도 다 잘되고 반듯해 걱정할 일을 만들지 않는다면야 더없이 좋겠지만, 자식이 많다 보면 그렇게 되는 게 쉽지 않습니다. 어제는 장남 걱정, 오늘은 큰딸 걱정, 내일은 막내 걱정, 모레는 둘째 걱정이 이어집니다. 동기간이 보통 대여섯 이상은 되던 예전에는 정말 그랬습니다.

그러면 자녀를 하나 아니면 둘만 낳는 요즘 젊은 부모들은 안 그럴까요? 자식 키우는 환경과 세태는 변했을지 모르지만, 부모 마음은 똑같을 겁니다. 오히려 양육비와 교육비가 워낙 많이 들고 경쟁이 치열해진 데다 세상이 험악하니 걱정거리가 더 늘어났는지도 모릅니다.

◇ 걱정의 노예로 살고 있다

우화 속 부모들은 자식에 대해 양가감정을 가지고 있다고 볼 수 있습니다. '양가감정(Ambivalence)'은 서로 대립하거나 모순되는 두 가지 감정이 공존하는 걸 말합니다. 좌절, 슬픔, 혐오 등의 부정적 감정이 희망, 기쁨, 연민 등의 긍정적 감정과 함께 뒤섞여 있는 상태를 가리키죠.

1910년 스위스의 정신의학자 블로일러가 소개한 개념으로 프로이트에 의해 널리 알려졌습니다. 특정 사물이나 사람에 대해 두 가지 상반된 행동, 의견, 감정 사이에서 동요하는 경향성입니다. 당연히 서로 다른 행동, 의견, 감정 간에 충돌이 일어나겠죠.

아침에 일어났는데 날이 화창하고 해가 쨍쨍합니다. 소금 장수 아들 생각이 난 어머니는 기분이 좋아졌습니다. '오늘 우리 아들 장사가 참 잘되겠구나.' 하고 말이죠. 그런데 잠시 후에 우산 장수 아들 얼굴이 떠올랐습니다. '아이고, 우리 아들 장사 공치는 날이네.' 하는 생각에 기분이 급격히 우울해졌습니다. 하루 내내 감정이 좋았다 나빴다 오락가락했습니다.

밭에서 일하고 있는데 갑자기 비가 쏟아집니다. 지나가는 비인가 했더니 예사롭지 않게 내립니다. 아버지는 큰딸 생각이 났습니다. '비가 오니 꽃과 식물이 잘 자라겠구나. 큰딸이 아주 좋아하겠어.' 하며 얼굴에 미소가 지어졌습니다. 하지만 조금 지나자 작은딸이 떠올랐습니다. '남편이 정성껏 빚은 그릇이 마르지 않을 텐데 걱정이네. 딸아이가 마음고생이 심하면 어쩌나.' 생각이 여기에 이르자 낯빛이 어두워졌습니다. 종일 일이 손에 잡히지 않았습니다.

이 어머니와 아버지는 태양을 보면 기쁘기도 하고 슬프기도 합니다. 반갑기도 하고 야속하기도 하죠. 비를 봐도 마찬가지입니다. 고맙기도 하고 원망스럽기도 합니다. 웃다가 울길 반복합니다.

큰아들과 작은아들, 큰딸과 작은딸 걱정에 하루도 편할 날이 없습니다. 자식을 사랑하는 부모 마음이긴 하지만, 심한 감정 기복이 오랫동안 계속되면 정신건강에 매우 해롭습니다. 매사를 부정적으로 생각하고 걱정부터 하는 습관을 바꿔야 합니다.

걱정을 달고 사는 사람들의 특징 중 하나는 특정 사물이나 사람에 대해 걱정하면 해결이 되거나 도움이 될 것으로 생각하는 겁니다. 걱정하는 동안 문제가 해소되거나 심각한 정도가 조금 나아질 거라고 막연히 기대하는 것이죠. 전혀 근거 없는 기대입니다.

미국의 심리학자 어닌 젤린스키는 실험을 통해 사람들의 걱정 유형을 분석했습니다. 그 결과 우리가 일상적으로 하는 걱정 대부분이 하등 쓸모없다는 게 드러났습니다.

그에 따르면 사람들이 하는 걱정의 40%는 현실에서 절대 일어나지 않는다고 합니다. 30%는 이미 일어난 일에 대한 것이고, 22%는 신경 쓰지 않아도 될 만큼 사소한 것들이라고 하네요. 또한 4%는 사람의 힘으로 어찌할 방법이 없는 일에 대한 것입니다. 아무리 걱정해도 도저히 해결되지 않는 불가항력에 관한 것이죠.

나머지가 4%입니다. 걱정으로 해결할 수 있는 문제죠. 걱정하고 염려하고 주의를 기울여 해결할 수 있는 건 고작 4%뿐인데, 우리는 나머지 96%의 걱정까지 짊어지고 살아갑니다. 절대 일어나지 않을 일, 이미 일어난 일, 사소한 일, 해결할 수 없는 불가항력의 일인 96%의 걱정 때문에 우리는 걱정의 노예가 되고 있습니다.

해결되지 않을 수많은 걱정으로부터 해방되는 길은 없을까요?

◇ 해결되지 않을 걱정에서 해방되는 길

'짚신 장수와 우산 장수' 이야기에서 할머니에게 인근 절에 있는 스님이 말했습니다.

"두 딸 걱정에 맑은 날은 맑아서 울고, 흐린 날은 흐려서 울어 봐야 무슨 소용이 있습니까? 그러지 말고 맑은 날은 짚신이 잘 팔리니 큰딸을 생각하며 즐거워하고, 흐린 날은 우산이 잘 팔리니 작은 딸을 생각하며 기뻐하면 되지 않습니까? 좋은 것만 생각하면 됩니다."

이 말을 들은 할머니는 크게 깨달았습니다. 비로소 눈물을 거두고 웃으며 살 수 있게 되었죠. '파체위소(破涕爲笑, 눈물을 거두고 웃음을 지음)'라는 고사성어가 여기서 나왔습니다.

모든 건 생각하기 나름입니다. 마음먹기에 달린 거죠. 부정적인 것만 보고 걱정거리를 떠올리면 걱정이 끊일 날이 없습니다. 그러나 긍정적인 걸 보고 좋은 걸 떠올리면 날마다 웃으며 편안하게 살 수 있습니다. 어차피 걱정해 봐야 해결이 되지도 않으니까요.

자식을 걱정하는 부모의 마음은 감사하고 소중한 것이고 이웃이나 지인들을 위해 걱정하고 마음을 나누는 건 인간적이고 아름다운 일이지만, 나 자신을 돌보는 일이 우선입니다.

가수 전인권 씨는 2004년에 〈걱정 말아요 그대〉라는 노래를 발표했습니다. 한참 뒤인 2015년에 방영된 tvN 드라마 〈응답하라 1988〉에 OST로 삽입되면서 폭발적 인기를 끌었죠. 걱정 많은 세상, 걱정 많은 사람들에게 큰 위로를 준 노래입니다.

가사를 찬찬히 읽어 보면 왜 그렇게 걱정만 하며 살았는지 후회
도 되고 반성도 하게 됩니다.

노래처럼 지난 기억과 아픔은 훌훌 다 털어버리고 좀 더 사랑하
면서 걱정 없이 살면 좋겠습니다.

〈걱정 말아요 그대〉

그대여 아무 걱정하지 말아요.

우리 함께 노래합시다.

그대 아픈 기억들 모두 그대여

그대 가슴에 깊이 묻어 버리고

지나간 것은 지나간 대로

그런 의미가 있죠.

떠난 이에게 노래하세요.

후회 없이 사랑했노라 말해요.

그대는 너무 힘든 일이 많았죠.

새로움을 잃어버렸죠.

그대 슬픈 얘기들 모두 그대여

그대 탓으로 훌훌 털어 버리고

삶의 자극제가 되는 발칙한 이솝우화

지나간 것은 지나간 대로

그런 의미가 있죠.

우리 다 함께 노래합시다.

후회 없이 꿈을 꾸었다 말해요.

모든 건 생각하기 나름이다. 마음먹기에 달린 것이다. 부정적인 것만 보고
걱정거리를 떠올리면 걱정이 끊일 날이 없다. 그러나 긍정적인 걸 보고 좋
은 걸 떠올리면 날마다 웃으며 편안하게 살 수 있다.

기쁨도 슬픔도,
이것 또한 지나가리라

목자들의 점심을 훔쳐먹고 배가 부른 여우가 달아나지 못해 절망하고 있을 때
다른 여우가 와서 조언하는 이야기

—— 배가 부풀어 오른 여우 ——

목자들이 양을 치러 들판으로 나갈 땐 점심때 먹을 음식들을 챙겨 갑니다. 그런데 아무 데나 놓아두거나 잘못 보관하면 어떤 짐승이 몰래 훔쳐 갈지 모릅니다. 그래서 목자마다 즐겨 이용하는 은신처가 있게 마련입니다. 나무 안에 눈에 잘 띄지 않는 큰 구멍이 나 있다면 음식을 숨겨두기에 안성맞춤이겠죠.

어느 날 목자들이 양 떼를 몰고 들판으로 나가면서 커다란 참나무의 구멍 안에 빵과 고기를 숨겨뒀습니다. 아무도 모르게 말이죠.

하지만 여우 한 마리가 몰래 숨어서 이 광경을 지켜봤습니다. 마침 여

우는 며칠 굶어서 배가 고파 죽을 지경이었습니다. 배도 홀쭉해져 있었죠. 목자들이 양 떼를 몰고 사라지자 여우는 재빨리 참나무 구멍 안으로 들어갔습니다. 따끈따끈한 빵과 고기가 잔뜩 있었습니다.

너무 기뻐서 눈물이 날 지경이었습니다. 허겁지겁 모두 먹어 치웠습니다. 살면서 이렇게 운수대통한 날이 또 있을까 생각했습니다. 배가 부르자 기분이 좋고 살 것 같았습니다.

그러나 문제는 그다음에 벌어졌습니다. 배가 불러 뚱뚱해진 탓에 참나무 구멍에서 나올 수가 없었던 겁니다. 목자들이 오기 전에 빨리 달아나야 했지만 불가능한 일이었습니다.

눈앞이 캄캄해졌습니다. 목자들이 자신을 발견하면 빵과 고기를 다 먹어 치운 걸 알고 화가 나서 두들겨 팰 게 분명했습니다. 점심 식사로 여우 고기 바비큐를 해 먹을지도 모르지요. 시간은 자꾸 흘러가는데 묘안은 떠오르지 않았습니다. 점점 자포자기 상태가 되었습니다.

'이대로 죽는구나. 이럴 줄 알았으면 다른 먹잇감도 찾아보는 건데….'

'너무 약삭빠르게 살아왔던 것 같아. 착하게 살았더라면 좋았을 걸….'

'목자들에게 잡혀 처참하게 죽느니 스스로 목숨을 끊으면 어떨까? 그것도 나쁘지 않아.'

여우는 이런 생각을 하며 소리 내어 울었습니다. 때마침 지나가던 다른 여우가 그 울음소리를 들었습니다. 참나무에 가까이 다가가 보니 구멍 안에서 웬 여우가 울고 있었습니다.

"왜 그렇게 슬피 우는 거요? 그리고 참나무 구멍 안에는 왜 들어가 있소?"

배가 부풀어 오른 여우는 지나가는 여우에게 자초지종을 상세히 설명했습니다. 이야기를 다 듣고 난 지나가는 여우가 별것 아니라는 얼굴로 참나무 안에 있는 여우에게 말했습니다.

"울 필요 없소. 아까 참나무 구멍 안으로 들어갈 때처럼 배가 꺼지길 기다리면 되오. 시간이 해결해줄 거란 이야기지. 배가 홀쭉해지면 구멍에서 쉽게 나올 수 있을 거요."

조언을 마친 여우는 다시 제 갈 길을 갔습니다.

참나무 안에 갇힌 배부른 여우는 울음을 멈추고 배가 빨리 꺼지도록 뜀뛰기를 했습니다. 극단적인 생각까지 했던 얼굴에는 어느덧 근심이 사라진 채 옅은 미소만이 가득했습니다.

◇ 스스로 목숨을 끊기까지, 우울 장애

살다 보면 누구나 힘든 일을 만납니다. 그럭저럭 견디거나 눈 딱 감고 참을 수 있으면 다행인데, 어디에도 출구가 보이지 않고 희망의 불빛이라곤 한 줄기도 찾아볼 수 없을 만큼 캄캄한 상황에 맞닥뜨릴 때가 있습니다. 이제 정말 끝이구나 생각되는 순간입니다.

환란의 거센 파도가 나를 마구 집어삼키고 있다고 여겨질 때 그만 죽고 싶은 마음이 생깁니다. 아니, 죽을 수도 있겠다는 생각이 듭니다. 이유는 수십, 수백 가지가 넘습니다.

"정말 죽을 정도로 힘들어요."

삶의 자극제가 되는 발칙한 이솝우화

"더는 내가 할 수 있는 게 아무것도 없어요."

이런 말이 저절로 입에서 튀어나옵니다. 이 절체절명의 순간에 모든 걸 포기하고 자신을 놔버리면 정말 극단적인 선택으로 이어집니다.

우리나라는 세계 어느 나라보다 자살률이 높습니다. 연령표준화 자살률(OECD 표준인구 10만 명당 자살자 수)은 경제협력개발기구 회원국 중에서 압도적인 1위입니다.

연령대를 살펴보면 10대부터 30대까지의 사망 원인 1위가 자살입니다. 젊은이들의 자살이 왜 이렇게 늘어나는 걸까요? 10대는 입시 스트레스와 가정불화, 20대는 취업난과 미래에 대한 불확실성, 30대는 이혼 등 가정 문제와 사회적 부적응 등이 주요 원인으로 꼽힙니다. 정말 심각한 국가적 문제가 아닐 수 없습니다.

TV나 신문을 보면 유명인들이나 고위직 인사들의 자살이 심심치 않게 보도됩니다.

겉으론 아무런 문제가 없어 보이고 돈과 명성을 다 거머쥔 듯한 유명인들이 개인사나 가정불화 등을 이유로 어느 날 갑자기 스스로 목숨을 끊었다는 소식을 접하면 사람들은 큰 충격을 받습니다.

비리나 범죄에 연루되어 검경찰의 조사를 받던 고위직 인사들이 진실을 은폐하고자 자살을 선택하는 것도 마음을 어둡고 착잡하게 만듭니다.

나 하나만 없어지면 모든 게 다 덮어지고 없었던 게 되어 깨끗하게 마무리된다는 잘못된 인식을 심어줄 수 있습니다. 각종 매체를 통해 반복 재생산되는 자살 소식은 너무 가볍고 선정적이어서 사람들이 점점 자살에 대해 무감각해지게 만드는 것 같기도 합니다.

자살은 전염성이 꽤 높습니다. 특히 저명한 사람이 자살하면 같은 방법으로 자살하거나 자살하려는 사람이 늘어납니다. '베르테르 효과'라고 합니다.

독일의 대문호 괴테가 1774년에 펴낸 소설 『젊은 베르테르의 슬픔』에 주인공 베르테르가 연인 로테에게 실연당한 뒤 권총으로 자살하는 내용이 나옵니다.

이후 소설 속 베르테르의 자살을 모방한 자살이 전 유럽으로 확산되어 권총 자살이 폭발적으로 늘어났습니다. 당시 괴테는 독자들에게 소설과 현실은 다르므로 제발 베르테르를 따라 하지 말라고 호소까지 했다고 합니다.

이 사실에 주목한 미국의 사회학자 필립스가 1974년 모방 자살 현상을 '베르테르 효과'라고 이름 붙였습니다.

자살의 원인은 많겠지만 그중 가장 보편적인 걸 뽑자면 '우울 장애(Depressive Disorder)'가 있습니다. 우울 장애가 있는 사람의 경우 자살에 관한 생각이 건강한 사람에 비해 급격히 증가합니다. 여기에 스트레스나 음주 등이 겹치면 위험도는 더 올라갑니다.

연구에 따르면 자살한 사람을 상대로 심리적 부검(Psychological Autopsy)을 하면 75%가 우울 장애라고 합니다. 자살을 시도한 사

삶의 자극제가 되는 발칙한 이솝우화

람의 우울 장애를 적극적으로 치료하면 자살 재시도 비율을 80%
가까이 줄일 수 있습니다. 자살과 우울 장애가 밀접한 관련이 있는
것이죠.

평상시라면 내 선택지에 없어야 할 자살이 내 선택지로 들어왔
다는 건, 나를 둘러싼 모든 상황에 절망감을 느끼도록 만드는 병적
상태, 즉 우울 장애와 관련이 있다는 겁니다.

자살 충동은 나약함이나 결함 때문이 아니라 모든 생각이 그 선
택지만을 향하도록 하는 우울 장애가 본질일 수 있습니다.

◇ 이것 또한 지나가리라

고대 페르시아의 한 임금이 신하들에게 명령을 내렸습니다.

"슬플 땐 기쁘게, 기쁠 땐 슬프게 만드는 물건을 찾아오너라."

신하들은 모여서 고민에 고민을 거듭했습니다. 밤새 의논한 신
하들은 이튿날 임금에게 반지 하나를 만들어 바쳤습니다. 임금은
반지에 새겨진 글귀를 읽고 웃음을 터뜨리며 기뻐했습니다.

"This, too, shall pass away(이것 또한 지나가리라)."

반지에 새겨진 글귀는 임금의 마음에 딱 맞는 내용이었습니다.

또 다른 이야기도 있습니다. 고대 이스라엘의 왕 다윗은 지략과
용맹에 관한 한 타의 추종을 불허하는 불세출의 영웅이었습니다.
하지만 그도 사람인지라 수많은 전쟁과 권력 암투를 겪으며 스트
레스와 불안에 시달려야 했습니다. 그런 그가 하루는 반지 세공사

를 불러 명령을 내렸습니다.

"나를 위해 반지를 하나 만들어다오. 거기엔 내가 전쟁에서 승리해 환호할 때도 교만에 빠지지 않고, 전쟁에서 패배해 낙심할 때도 좌절하지 않도록 감정을 조절해주는 글귀를 새겨 넣어라. 어떠한 상황에서도 용기와 희망을 잃지 않을 수 있는 글귀라야 한다."

반지 세공사는 아름다운 반지를 만들었습니다. 그러나 새겨 넣을 글귀가 생각나지 않아 며칠 동안 번뇌에 빠져 지냈습니다. 그러다가 왕자인 솔로몬을 찾아가 도움을 청했습니다.

솔로몬은 인류 역사상 가장 지혜로운 왕으로 불릴 만큼 탁월한 지혜의 소유자였습니다. 솔로몬 왕자는 다음과 같은 글귀를 알려줬습니다.

"Soon it shall also come to pass(이것 또한 지나가리라)."

이 글귀가 어떻게 해서 생겨났는지 또 누가 만들었는지는 워낙 많은 설이 있어 알 수 없습니다.

다만 오늘날 우리는 랜터 윌슨 스미스의 시를 통해 내용을 확인하고, 위로를 받고, 세상을 살아가는 지혜를 얻고, 인생 앞에 겸허해질 뿐입니다.

큰 슬픔이 거센 강물처럼 네 삶에 밀려와
마음의 평화를 산산조각 내고
가장 소중한 것들을

네 눈에서 영원히 앗아갈 때면
네 가슴에 대고 말하라
'이것 또한 지나가리라'

끝없이 힘든 일들이
네 감사의 노래를 멈추게 하고
기도하기에도 너무 지칠 때면
이 진실의 말이
네 마음에서 슬픔을 사라지게 하고
힘겨운 하루의 무거운 짐을 벗어나게 하라
'이것 또한 지나가리라'

1856년 미국에서 태어난 랜터 윌슨 스미스는 시인이자 찬송가 작사가로 활약하다가 1939년 세상을 떠났습니다. 그녀가 세상을 떠난 지 100여 년 가까이 되었지만, 이 시는 여전히 전 세계 사람들에게 애송되고 있습니다.

이 시가 가진 힘은 인생에 대한 깊은 성찰로부터 도출된 공감과 위로입니다. 그리고 이 시의 메시지는 삶 앞에서의 지극한 겸허함입니다.

◇ 책임지는 건 살아서 끝을 보는 것

우화에서 여우는 하루 동안 천국과 지옥을 오갔습니다. 참나무에 난 구멍 안으로 들어가 목자들이 숨겨놓은 빵과 고기를 실컷 먹을 땐 천국에 온 기분이었을 겁니다. 그런데 배가 불러 뚱뚱해진 탓에 참나무 구멍에서 나올 수 없을 땐 지옥으로 떨어진 기분이었겠죠.

시간이 갈수록 여우는 절망에 빠졌습니다. 살길이 없었습니다. 목자들에게 잡혀 처참하게 죽느니 스스로 목숨을 끊는 게 낫겠다는 생각까지 했습니다.

이때 지나가는 여우가 생명의 빛줄기를 던져줬습니다. 배가 꺼지길 기다렸다가 배가 홀쭉해졌을 때 구멍에서 나오면 된다는 것이었습니다. 시간이 해결해줄 거란 말이죠.

이것 또한 지나간다는 이야기였습니다. 아무리 괴롭고 힘들어도 그 또한 지나갑니다. 인생이란 시간을 견뎌내는 겁니다.

환희와 기쁨, 명예와 영광이 온통 내 것 같아도 그 또한 지나갑니다. 인생에서 영원한 건 없습니다. 올라갈 때가 있으면 내려올 때가 있고, 쥘 때가 있으면 펼 때가 있습니다.

자살은 끝이 아닙니다. 궁극의 해결책도 아닙니다. 사랑하는 가족과 친구 나아가 사회 전체에 깊은 상처를 남기는 일입니다.

자살은 어려운 상황으로부터 빠져나가는 대응 방안이 아니라, 주변 사람과 자기 자신에게 더 괴롭고 힘든 결과를 남기는 가장 무책임한 극단적 선택일 뿐입니다. 책임지는 건 살아서 끝을 보는 겁니다. 살아 있어야 해결할 수 있습니다.

죽을 것 같을 때, 모든 걸 포기하고 싶은 순간 꼭 필요한 말은 이한마디입니다.

"이것 또한 지나가리라."

"이것 또한 지나가리라" 글귀가 어떻게 생겨났는지 또 누가 만들었는지 알수 없다. 다만 랜터 윌슨 스미스의 시를 통해 내용을 확인하고, 위로를 받고, 세상을 살아가는 지혜를 얻고, 인생 앞에 겸허해질 뿐이다.

2부

좀 더 성숙한 어른을 위한 이솝우화

성찰

포기할 건 빨리 포기하는 것도
지혜로운 일

배가 고픈 여우가 눈앞에 있는 포도를 따 먹을 수 없자
맛 없는 신 포도라고 폄하하는 이야기

—— 여우와 신 포도 ——

여우 한 마리가 길을 걷고 있었습니다. 식사 시간이 한참 지난 때라 배가 고팠습니다. 하지만 가진 돈도 없고 인근에 식당도 없어 허기를 면할 방법이 없었습니다. 그런데 조금 더 걷다 보니 포도밭이 나타났습니다. 맛있는 포도송이가 주렁주렁 달려 있었죠. 향기가 코를 자극했습니다. 배에서 "꼬르륵~" 소리가 진동했습니다.

체면 불고하고 한 송이만 몰래 따먹을 요량으로 살금살금 기어서 포도나무 아래로 접근했습니다. 그러나 간절한 바람에도 불구하고 여우는 포도를 따먹을 수 없었습니다. 아무리 발버둥질하고 뛰어올라도 포도송이

91

에 팔이 닿지 않았습니다. 포도나무가 커서 포도송이가 높은 곳에 매달린 까닭이었습니다.

한참이나 용을 써봤지만 포도를 따먹을 수 없었던 여우는 탈진 상태에 이르렀습니다. 어쩔 수 없이 포도를 따먹는 일을 포기할 수밖에 없었죠. 눈앞에 맛있는 포도를 바라보면서도 먹기를 포기해야 했기에 허탈감은 더했고 주린 배로 인한 고통은 배가되었습니다. 여우는 자리를 털고 일어나 포도밭을 떠나며 혼잣말로 중얼거렸습니다.

"저 포도는 아직 덜 익어서 맛이 없는 신 포도야. 안 따먹길 잘했어."

◇ 자신의 말과 행동을 정당화하는 방어기제

『이솝우화』의 여러 이야기 가운데 가장 널리 알려진 이야기가 아닐까 싶습니다. 살다 보면 가질 수 없는 게 있습니다. 이룰 수 없는 꿈도 있고요. 아무리 애를 써도 내 능력으로는 안 되는 것들입니다. 그럴 때 나타나는 반응은 사람마다 다릅니다.

첫 번째는 자신의 무능을 탓하면서 신세를 한탄하는 겁니다. 내가 못나서, 내가 능력이 없어서, 내가 더 노력하지 않아서 이렇게 되었다고 탄식하는 것이죠. 두 번째는 일찌감치 포기하고 다른 길을 가거나 다른 걸 취해 만족을 얻는 겁니다. 재빨리 몰고 갈 수 있는 말로 갈아타는 것이죠. 세 번째는 자신이 갖지 못한 걸 폄훼하거나 별것 아니라는 식으로 왜곡하는 겁니다. 이루지 못한 꿈을 잘

삶의 자극제가 되는 발칙한 이솝우화

못된 꿈으로, 가지 못한 길을 가지 않아야만 했던 길로 바꿔버리는 것이죠. 마음의 위안을 얻고 자신의 결단과 행동에 정당성을 부여하는 것입니다.

여우가 선택한 건 세 번째 방법입니다. 아무리 애를 써도 따먹을 수 없었던 포도를 형편없이 맛없는 신 포도라고 폄훼하곤 돌아서버립니다.

달콤한 향기와 잘 익은 고운 빛깔은 여전한데도 불구하고 어차피 그림의 떡이 되어버린 포도였기에 하찮은 것인 양 비하하고 비난해도 상관이 없었던 거죠. 그럴수록 자신은 못 먹은 게 아니라 안 먹는 게 되니까요.

이런 심리를 '합리화(Rationalization)'라고 합니다. 어떤 일을 하고 나서 뜻대로 되지 않자 죄책감이나 자책감에서 벗어나기 위해 그럴듯한 이유를 만들어 냄으로써 자신의 말과 행동을 정당화하는 심리적 방어기제를 말합니다.

'방어기제(Defense Mechanism)'란 자아가 위협을 받을 때 무의식적으로 자신을 속이거나 상황을 다르게 해석함으로써 자신을 보호하려는 심리나 행위를 가리키는 정신분석 용어입니다.

1894년 지그문트 프로이트가 맨 처음 사용했습니다. 위험으로부터 자신을 보호하려는 건 인간의 보편적 본능이지만, 지나치면 현실을 왜곡하고 진실을 외면하는 등 부작용이 따를 수 있습니다.

◇ 합리화의 늪에 빠지지 않으려면

사람들은 대부분 여우를 어리석고 교활한 존재로 치부하며 손가락질하지만, 막상 살면서 여우처럼 말하고 행동하지 않는 사람은 아무도 없을 것입니다. 누구나 자신의 말과 행동을 합리화합니다. 사람들은 왜 이렇게 합리화의 유혹에 쉽게 빠지는 걸까요?

바로 '인지 부조화(Cognitive Dissonance)' 때문입니다. 자신의 행동이나 태도 혹은 신념 사이에 모순이 있다는 걸 알았을 때, 대다수 사람이 심리적으로 불안과 불편함을 느낍니다. 오랫동안 유지해온 생각이나 행동이 잘못되었다는 걸 알았을 때, 순순히 인정하고 바꾸는 게 쉽지 않습니다.

이때 불안하고 불편한 감정을 줄이고자 주어진 상황에 맞춰 태도나 신념을 바꿈으로써 편안한 상태로 돌아가기 위해 합리화를 꾀합니다. 어리석은 선택을 하고 난 후 그 선택이 잘못이었다는 걸 깨달았지만, 불가피한 것이었고 어쩔 수 없는 것이었다고 믿으면서 끝까지 내가 옳았다고 우기는 것이죠.

담배가 몸에 좋지 않다는 걸 잘 알고 있음에도 끊지 못하는 사람들은 말합니다.

"골초 중에도 백 살 넘게 장수하는 사람들이 얼마나 많은 줄 알아?"

"금연으로 스트레스받는 것보다 담배 피우면서 스트레스를 날려버리는 게 훨씬 나아."

좋아하는 여성에게 프러포즈했다가 거절당한 남자가 결국 포기하며 생각합니다.

'쌀쌀맞은 걸 보니 성격이 안 좋은 것 같아. 이뤄지지 않은 게 천만다행이야.'

'외모를 보니 사치하는 게 분명해. 결혼했더라면 행복하게 잘살기 어려웠을 거야.'

자신의 잘못된 선택을 인정하기 어렵고 원하는 결과를 얻지 못한 걸 받아들이기 힘들 때 인지 부조화를 해소하고자 자신의 행동을 합리화하는 겁니다.

내가 만약 우화 속 여우 같은 상황이었다면 어떤 선택을 했을까요?

한 우물을 파야 성공한다는 신념 하나로 되지도 않는데 계속해서 포도를 따먹기 위해 뛰어오르고 발버둥질하다간 도망갈 힘도 없어 포도밭 주인에게 잡혀 죽음을 면치 못할 수도 있습니다. 현실을 제대로 직시하고 포기할 건 빨리 포기하는 게 지혜로운 일입니다.

그렇다고 포기하고 나서 자책하고 자학하는 건 정말 어리석은 일입니다. 세상엔 하나의 길과 방법만 있는 게 아니니까요. 여우처럼 인지 부조화를 해소하고자 합리화에 빠지는 것도 바람직하지 않습니다. 여우는 길을 가다가 다른 동물을 만나 자신이 따먹지 못한 그 포도송이에 관해 이야기할 때 더욱 부풀릴 게 뻔합니다.

"그 신 포도? 척 봐도 맛없어 보여 따먹지 않았어. 난 말이야, 그런 건 줘도 안 먹어."

저 같으면 위에서 말한 두 번째 방법, 즉 일찌감치 포기하고 다른 길을 가거나 다른 걸 취해 만족을 얻는 방법을 택할 것 같습니다. 최선을 다해 노력했는데도 얻을 수 없고, 갈 수 없고, 이룰 수 없다면 재빨리 목표를 바꾸거나 다른 길을 찾거나 실현 가능한 방법을 모색해야 합니다.

내 능력은 한정되어 있고 인생은 생각보다 길지 않으니까요. 원하는 걸 모두 얻고, 하고 싶은 일을 전부 하고, 꿈꾸는 걸 다 성취하는 사람은 없습니다. 누구나 좌절을 겪고 내키지 않는 일을 하면서 살아갑니다. 이럴 때 그걸 정당화하고자 자신을 속이는 합리화의 늪에 빠지지 않아야 합니다.

지혜로운 사람은 잘못된 선택이 옳았다고 끝까지 우기는 사람이 아니라 실수를 인정하고 반복하지 않으려 노력하는 사람입니다. "아, 그 포도? 따먹기 어려워서 포기했어. 나는 다른 먹을거리를 더 찾아볼 거야."라며 유유히 다른 길로 사라지는 여우, 멋지지 않을까요?

한 우물을 파야 성공한다는 신념 하나로 되지도 않는데 계속해서 포도를 따먹기 위해 뛰어오르고 발버둥질하다간 도망갈 힘도 없어 포도밭 주인에게 잡혀 죽음을 면치 못할 수도 있다. 현실을 제대로 직시하고 포기할 건 빨리 포기하는 게 지혜로운 일이다.

오히려 자존감이 높아지는
부러움의 마법

주인의 선택에 의해 사냥개가 된 개와
집 지키는 개가 된 개의 이야기

—— 두 마리의 개 ——

어떤 사람이 개 두 마리를 길렀습니다. 둘 다 잘생기고 용감했습니다. 주인은 그중 한 마리를 사냥개로 키웠습니다. 밖에 데리고 나가 사냥하는 법을 가르쳤고, 사냥할 때마다 데리고 다니며 유능한 사냥개가 되도록 조련했습니다. 또 다른 한 마리는 집 지키는 개로 키웠습니다. 집 안에 살면서 주는 밥 먹고 도둑이 들어오지 못하게 감시만 잘하면 됐습니다.

시간이 지나면서 사냥개는 더욱 용맹스러워졌으나 집 지키는 개는 빈둥거리며 놀고먹는 일에 익숙해졌습니다. 사냥개는 자신은 매번 산과 들을 힘들게 뛰어다니며 열심히 사냥해 꿩과 토끼와 노루 등 짐승을 잡아오는데 반해. 집 지키는 개는 한가로이 낮잠이나 자면서 어슬렁거리는 게 못마땅했습니다.

주인은 자신이 애써 사냥해온 고기 중 한 덩어리를 떼어 아무 일도 하지 않고 놀고 있던 집 지키는 개에게 먹으라고 던져주기까지 했습니다.

'이거 너무 불공평한 거 아냐? 저 녀석이 한 게 뭐 있다고 고기를 나눠주느냐 말이야.'

하루는 사냥개가 고기를 맛있게 먹고 있는 집 지키는 개에게 다가가 소리를 질렀습니다.

"야. 네가 뭘 했다고 내가 사냥한 고기를 먹는 거냐? 나한테 미안하지도 않니? 할 말 있으면 어디 한 번 해봐!"

그러자 집 지키는 개가 사냥개를 물끄러미 쳐다보며 말했습니다.

"왜 내게 소리를 지르고 그래? 내가 집 지키는 개가 된 건 주인님이 그렇게 시켰기 때문이야. 너도 주인님 때문에 사냥개가 된 거잖아? 주인님이 나에게 사냥을 가르쳤더라면 내가 사냥개가 되었을 거야. 너에게 집을 지키라고 했으면 네가 집 지키는 개가 되었겠지. 그러니 나를 원망하지 말라고. 따지려면 주인님께 가서 따지도록 해. 나에게 너처럼 열심히 사냥하지 않고도 뒹굴뒹굴하면서 남이 사냥한 맛있는 고기를 먹고 살도록 가르친 건 주인님이니까."

◇ 사냥개와 집 지키는 개의 삶

이 이야기는 교육에 관한 메시지를 담고 있습니다. 자녀를 교육할 때 어떻게 해야 하는지 교훈을 주고 있죠. 매일 산과 들로 데리고 나가 사냥하는 법을 가르치면 사냥 잘하는 개가 되고, 빈둥거리면서 집이나 지키게 하면 집만 지키며 사는 게으른 개가 됩니다. 어떤 개가 될지는 주인이 어떻게 하기에 달린 겁니다.

자녀 교육도 같은 원리라고 할 수 있습니다. 열심히 가르쳐서 한 분야에 뛰어난 실력을 갖추게 해, 먹고살 길을 스스로의 힘으로 만들어가는 존재가 되면 독립적인 인생을 살 수 있습니다.

반면 삼시 세끼 꼬박꼬박 밥을 주면서 아무런 일도 하지 않은 채 놀고먹어도 되게끔 가르치면, 성인이 되어서도 무위도식하는 건달로 살아갈 수밖에 없습니다. 당연히 남에게 의존하며 사는 인생이 됩니다.

이솝이 기원전 6세기 후반 고대 그리스에서 활동했던 사람이라는 점을 고려하면 이 우화가 교육 목적으로 읽혔다는 걸 이해할 수 있습니다. 물론 2,600년 전 이야기니까 현재와는 많은 차이가 있죠. 그렇더라도 교육에 대한 부모의 생각과 열정이 자식의 인생에 지대한 영향을 미친다는 건 그때나 지금이나 비슷한 것 같습니다.

아무리 경제적으로 여유가 있다고 해도 자녀를 열심히 일하는 독립적 인간이 되도록 가르쳐야지 아무 일도 하지 않는 게으름뱅이가 되도록 가르쳐선 안 된다는 겁니다.

자기 일에 최선을 다하는 독립적 인간은 타인도 돌보고 사회에 유익을 끼치는 이타적인 삶을 살기 마련입니다. 하지만 자기 밥벌이도 하지 못하면서 남에게 의지하며 살아가는 사람은 타인을 돌볼 여유도 없고 사회에 유익을 끼칠 여력도 없습니다. 목표도 의지도 없이 그저 하루하루 무기력하게 사는 삶입니다.

그런데 우화를 좀 다른 각도에서 읽어 보면 흥미로운 걸 발견할 수 있습니다. 사냥개와 집 지키는 개는 자신의 앞날을 스스로 선택한 게 아닙니다. 주인이 정한 겁니다. 너는 사냥을 해라, 너는 집을 지켜라, 하고 말이죠.

둘 다 똑같은 기질과 재능을 가졌다면 선택은 무작위로 이뤄진 것이니 운명론입니다. 부모의 무작위 선택으로 자녀에게 각기 다른 교육 기회가 주어지고 그에 따라 앞날이 결정되는 셈입니다. 개인의 자유의지나 도전정신이 큰 의미가 없습니다.

그러나 저마다 다른 기질과 재능을 가진 걸 주인이 알아보고 한 마리는 사냥개로, 다른 한 마리는 집 지키는 개로 구별되어 길러졌다면 그리고 자신에게 부여된 역할에 충실해 주어진 능력을 충분히 발휘하며 살았다면 누굴 원망할 일도 후회할 일도 없습니다. 잘된 것이죠.

부모가 자녀의 기질과 재능을 어렸을 때부터 제대로 발견하고 파악해 그에 걸맞게 교육하고 능력을 발휘하며 살도록 해주는 건 매우 중요한 일입니다.

내 삶의 운명은 누군가에 의해 이미 결정된 거라고 믿는 운명 결정론이든 내 삶은 내 의지와 능력으로 얼마든지 개척하고 만들어 갈 수 있다고 믿는 운명 개척론이든, 현재 내 삶의 조건과 환경은 이미 주어져 있습니다. 과거보다 미래가 중요한 것이죠. 그래서 현실을 대하는 태도를 봐야 합니다.

사냥개와 집 지키는 개를 관찰해보십시오. 사냥개는 열심히 살고 있지만, 무위도식하는 개를 비난합니다. 은근히 부러워하는 것처럼 보입니다. 나는 죽어라 일하며 먹고사는 데 남들은 한량처럼 놀고먹는 걸 보면 속상합니다. 세상이 불공평하게 느껴집니다. 한편으론 나도 저렇게 팔자 좋게 살고 싶기도 합니다.

집 지키는 개는 어떨까요? 용감하게 종횡무진 활약하는 야성미 넘치는 사냥개가 부러울까요? 그럴 수도 있겠죠. 하지만 우화 속에선 그렇지 않습니다. 아무 생각이 없습니다. 무기력할 뿐입니다.

◇ 자존감이 높아지는 부러움의 마법

의욕도 의지도 열정도 호기심도 목표도 없는 사람은 부러운 것도 없습니다. 누군가가 부럽다는 건 그처럼 되고 싶다는 것이고, 그처럼 되지 못한 자신을 돌아본다는 겁니다. 자신의 현실을 분명히 인식하고 앞날에 대한 기대가 있을 때 부러움이 생깁니다.

'부러움(Envy)'을 심리학에선 본인은 욕망의 대상을 가지고 있지 않지만 상대방이 가지고 있을 때 느껴지는 괴로운 감정이라고

삶의 자극제가 되는 발칙한 이솝우화

합니다. 사람 외에도 물건, 단체, 능력, 외모, 집안 등을 포함하는 총체적인 감정이죠.

부러움은 자신이나 타인이 가지지 못한 대상과의 비교를 통해 도출됩니다. 가난한 사람만 부자가 부러운 건 아닙니다. 많은 재산 때문에 불안하고 집안에 분란이 끊이지 않는 사람은 가진 것 없이 홀가분하게 사는 가난한 사람이 부러울 수 있습니다. 휘황찬란한 궁궐에서 호의호식하는 왕자가 자유롭게 어디든지 갈 수 있는 거지가 부러울 수 있는 겁니다.

사냥개가 매일 힘들게 사냥하지 않아도 편하게 먹고살 수 있는 집 지키는 개가 부러울 수 있듯, 집 지키는 개 역시 마음껏 산과 들로 쏘다니며 용맹스럽게 짐승을 사냥하는 사냥개가 부러울 수 있습니다. 부러움은 상대적인 겁니다.

질투와 부러움은 뭐가 다를까요? 질투는 내가 갖지 못한 걸 가진 상대방을 미워하면서 깎아내리려는 마음입니다. 상대방의 불행을 바라는 것이죠. 그도 나처럼 가진 걸 잃어버리길 바랍니다. 부러움은 내가 갖지 못한 걸 가진 상대방을 선망하는 마음입니다. 상대방의 불행을 바라기보다 나도 그걸 가짐으로써 행복해지길 바랍니다. 파괴가 아닌 창조입니다.

나보다 공부 잘하는 친구가 있을 때 그가 나보다 공부를 잘하지 못하도록 방해하거나 괴롭히는 건 질투입니다. 그러나 나도 그 친구처럼 공부를 잘하려는 마음으로 같이 공부하자고 하거나 나를 좀 도와달라고 하면서 열심히 공부해 그 친구만큼 공부를 잘하게 되는 건 부러움입니다.

"부러우면 지는 거야." 우스갯소리로 많이 하는 말입니다. 이 말의 속뜻은 나와 남을 비교해 내가 열등하다고 느껴 상대방에게 질투심을 갖으면 그 자체로 나는 이미 패자임을 인정하는 것이고, 그로 인해 괴로움을 겪을 테니 불행해진다는 것입니다.

하지만 질투 아닌 선망 혹은 갈망으로서의 부러움이라면 얼마든지 긍정적인 결과를 가져올 수 있습니다. 부러움의 대상을 바라보며 나도 저렇게 될 수 있다고 의지를 불태우는 것이죠. 그렇게 되는 걸 목표로 삼고 열심히 배우며 땀 흘려 성장의 기회로 삼는 겁니다.

이렇듯 부러움을 긍정적으로 내면화하면 오히려 자존감이 높아집니다. 에너지가 솟는 것이죠. 그러면 바라던 걸 얻거나 최소한 그것에 가까워짐으로써 행복을 느낍니다. 부러움의 대상이 생겨야 나도 그렇게 되고 싶다는 의지와 열정이 솟아납니다. 그러니 부러우면 지는 게 아니라 이기는 겁니다.

제가 두 마리 개의 주인이라면 얼마간 서로의 역할을 바꿔서 시켜볼 것 같습니다. 사냥개는 집을 지키게 하고 집 지키는 개는 사냥터로 내보내는 것이죠.

산과 들로 마음껏 쏘다니며 사냥하던 개가 집에 쪼그리고 앉아 주는 밥만 축내고 있으려면 온몸이 찌뿌듯하고 몸살 날 지경이 될 겁니다. 집 지키는 개가 부럽지 않겠죠. 산과 들이 그리울 테니까요.

집 지키는 개 역시 안 하던 일을 하려니 고역일 겁니다. 마구 뛰어다니며 꿩과 토끼를 잡는 일이 쉬운 일은 아니죠. 온몸이 쑤시고 아플 게 뻔합니다. 사냥개가 전혀 부럽지 않을 겁니다.

그러고 나서 다시 제자리로 돌아간 뒤 두 마리 개가 만나면 아마 이런 대화를 나누지 않을까요?

"며칠 집을 지켜보니 도저히 못하겠더라. 매일 집을 지키는 네가 참 대단하다. 부럽다."

"나도 그래. 온몸이 뻐근해 죽겠다. 사냥 잘하는 네가 정말 대단하다고 느꼈어. 부러워."

상대방의 장점을 인정하고 칭찬해주는 것, 아름다운 부러움 아닐까요?

질투 아닌 선망 혹은 갈망으로서의 부러움이라면 얼마든지 긍정적인 결과를 가져올 수 있다. 부러움의 대상을 바라보며 나도 저렇게 될 수 있다고 의지를 불태우는 것이다. 그렇게 되는 걸 목표로 삼고 열심히 배우고 땀 흘려 성장의 기회로 삼는 것이다. 부러움을 긍정적으로 내면화하면 오히려 자존감이 높아진다.

공정한 경쟁을 위해
수반되어야 할 것들

가장 빠른 토끼와 가장 느린 거북이의 경주에서
토끼의 방심으로 거북이가 이긴다는 이야기

—— 토끼와 거북이 ——

자존심 센 거북이 한 마리가 있었습니다. 인내심도 대단했고 포기를 모르는 성격이었죠. 그는 수많은 동물 중에 거북이가 제일 느리다는 편견을 깨고 싶었습니다.

아무리 생각해도 그건 잘못된 생각이었습니다. 달리기 연습을 하다 보면 자기보다 더 늦게 달리는 동물이 눈에 띨 때도 있었거든요. 그 동물이 매번 달랐기에 누구라고 콕 짚어 말할 순 없었지만요.

어느 날 거북이는 중대한 결심을 했습니다. 거북이가 세상에서 제일 느리다는 편견을 깨뜨리고자 토끼와 달리기 경주를 하기로 마음먹었습니다. 토끼는 자타공인 가장 빨리 달리는 동물 중 하나였으니, 그런 토끼와 경주해서 이긴다면 거북이에 관한 편견을 깰 수 있었으니까요. 일생일대의 모험을 감행한 셈이었습니다.

"야, 토끼야! 우리, 날 정해서 달리기 시합 한 번 하자. 누가 빠른지 겨뤄 보자 이거야."

토끼는 잘못 들은 줄 알았습니다. 느닷없이 찾아온 거북이가 자기와 경주하자고 도전장을 내밀었기 때문입니다.

더위를 먹거나 충격을 받아 머리가 이상해지지 않고서야 할 수 없는 말이었습니다. 지금까지 그 누구도 자신과 경주해서 이긴 동물이 없다는 건 상식이었으니까요.

토끼는 거북이의 가당치도 않은 제안을 무시했습니다. 아무리 양보해서 생각해봐도 거북이와 경주할 이유가 없었습니다. 이기는 건 당연지사였기에 거북이보다 빨리 달렸다고 해서 생색낼 게 아무것도 없었습니다.

만에 하나, 그럴 리는 없지만, 정말로 만에 하나 거북이에게 지는 일이라도 벌어지면 개망신도 그런 개망신이 없을 겁니다. 너무나도 창피해서 동물계를 떠나 바닷속으로 숨어버리거나 공중으로 사라져버려야 할지도 모르는 일입니다.

그렇지만 거북이의 요청은 집요했습니다. 매일같이 찾아와 도전장을 내밀었습니다.

"정말 너 때문에 못 살겠다. 그래, 하자 해. 경주하자고!"

토끼는 두손 두발 다 들었습니다.

이렇게 해서 거북이와 토끼의 희한한 경주가 시작되었습니다. 워낙 이상한 경주였기에 숲속에 있는 거의 모든 동물이 시합을 보기 위해 모여들었습니다. 숲속이 시끌벅적했습니다.

출발 신호가 울리자 토끼는 쏜살처럼 달려 나갔습니다. 거북이는 혼신의 힘을 다해 뛰었지만 앞서가는 토끼를 따라잡기엔 역부족이었습니다. 한참 달리던 토끼는 거북이가 보이지도 않을 만큼 멀어지자 심심해졌습니다. 이런 시시한 경주를 왜 하나 싶었던 거죠.

토끼는 시원한 바람이 불어오는 나무 아래 누워 한숨 푹 자고 일어났습니다. 그런데도 거북이는 보이지 않았습니다.

토끼는 이번엔 맛있는 풀로 허기를 채운 뒤 다른 동물들과 어울려 수다삼매경에 빠졌습니다. 마침 그중 예쁜 암토끼도 있었기에 자신의 재능과 입담을 자랑하느라 여념이 없었습니다.

그러는 사이 해가 뉘엿뉘엿 저물었습니다. 거북이는 잠시도 쉬지 않고 땀을 뻘뻘 흘려가며 느린 걸음을 재촉했지요. 마침내 결승점이 눈앞에 보였습니다.

너무 지체했다는 걸 깨달은 토끼가 전속력으로 내달렸지만, 이미 거북이는 결승선을 통과하고 있었습니다. 많은 동물이 지켜보는 앞에서 제일 느린 거북이가 제일 빠른 토끼와의 경주에서 승리한 것입니다.

◇ 공정한 경쟁을 위한 장치가 필요한 이유

유치원생도 다 아는 유명한 이야기입니다. 아무리 뛰어난 재주를 가진 사람이라도 자만하고 나태하면 자신보다 못한 사람에게 얼마든지 뒤처지고 패배할 수 있다는 교훈을 줍니다. 비록 여건이나 환경이 좋지 않더라도 꿈과 의지를 갖고 죽을힘을 다해 노력하는 사람에겐 그만한 보상이 주어진다는 교훈도 담겨 있습니다.

토끼가 달리기를 잘하는 건 본인의 노력과 상관없이 태생적으로 주어진 능력입니다. 거북이가 느린 것 또한 본인의 잘못이거나 게으른 탓이 아니라 선천적으로 그렇게 태어났기 때문입니다.

태어나면서부터 자연적으로 주어진 능력에 의해 삶과 운명이 결정된다면 애써 노력하고 땀 흘리며 도전을 거듭하면서 살 필요가 없습니다. 이 우화는 그렇지 않다고 이야기하는 거죠.

그러나 과연 그럴까요? 애초부터 토끼와 거북이의 경주란 공정한 경쟁일 수가 없습니다. 정상적으로 달리기를 했다면 토끼는 백전백승이고 거북이는 백전백패였을 테니까요. 거북이는 죽었다 깨어나도 토끼를 이길 수 없습니다. 토끼가 경주 중 딴짓을 하고 자만과 나태에 빠져 시합하고 있다는 사실조차 잊고 있을 때라야만 겨우 거북이가 토끼를 이길 수 있습니다.

하지만 현실에선 이런 일이 일어나기 어렵습니다. 공정한 경쟁이라면 토끼는 토끼끼리, 거북이는 거북이끼리 경주해야 마땅합니다. 만약 토끼와 거북이가 경주한다면 둘의 신체 조건이나 평균 속

삶의 자극제가 되는 발칙한 이솝우화

도 등을 고려해 공정한 장치를 마련한 뒤에 경주해야 합니다. 우화에서처럼 아무런 공정 장치 없이 같은 선에서 출발하고 같은 결승선이 주어지면, 불공정 경쟁입니다.

요즘 우리 사회의 최대 화두는 공정입니다. 내 의사와 상관없이 토끼 혹은 거북이로 태어난 것까지야 어쩔 수 없더라도 공정 장치가 전혀 없는 상태로 같은 출발선에서 경쟁한다는 건 도저히 받아들일 수가 없는 겁니다.

대학 입시나 기업체 입사, 내 집 마련이나 자녀 출산 등 삶의 요소요소에서 금수저와 흙수저는 공정하게 경쟁하기 어렵습니다. 금수저는 날 때부터 특정 계급, 화려한 가문, 천부적 재능, 엄청난 재산 등을 소유한 사람들입니다. 흙수저는 이런 게 하나도 없이 태어난 사람들이고요. 토끼와 거북이인 셈이죠.

흙수저가 자수성가해서 금수저보다 나은 삶을 살려면, 즉 경주에서 이기려면 금수저의 자만과 나태 또는 타락과 자멸에만 기대선 안 됩니다. 금수저가 자만과 나태에 빠지지 않고 성실히 자신의 본분을 다한다면 흙수저는 금수저를 영원히 따라잡을 수 없을 테니까요.

그래서 공정한 사회를 만들기 위한 법적, 제도적 장치들이 다양하게 필요한 겁니다. 적어도 출발선에 섰을 때 경주에 참여한 사람들이 누구나 공정하다고 인정할 수 있어야 하고, 결승선에 도달할 가능성을 가슴에 품을 수 있어야 합니다.

◇ 토끼도 거북이도 서로 자신을 투사한다

병원을 방문한 환자들과 상담하다 보면 자신이 『이솝우화』에 나오는 거북이 같다며 한탄하는 경우를 종종 봅니다.

부모를 잘못 만나서, 환경이 너무 열악해서, 워낙 가난한 집에서 태어나 타고난 재능조차 발휘하지 못한 채 힘들게 살아가고 있다는 하소연입니다.

그 와중에도 어떻게든 살아보려고 발버둥 치다 보니 몸도 마음도 황폐하게 되었다는 것이죠. 우화 속 거북이처럼 토끼를 따돌리고 결승선을 먼저 통과한다는 건 애당초 불가능한 일이었다고 토로합니다. 워낙 애절한 사연들이라 듣기만 해도 안타까울 때가 참 많습니다.

그런데 여기서 짚고 넘어가야 할 게 있습니다. 토끼와 거북이는 서로 자신을 투사하고 있다는 겁니다.

'투사(投射, Projection)'란 받아들일 수 없는 부정적인 생각이나 태도 등에 대해 그 원인을 무의식적으로 타인에게 돌리는 심리적 현상을 가리킵니다.

자신을 괴롭히는 죄의식, 열등감, 공격성 같은 감정을 타인에게 돌림으로써 현실을 부정할 수 있는 방어기제로 작동하는 것이죠.

토끼는 거북이를 보면서 무능력하고 게으르다고 생각합니다. 그러나 그런 거북이를 보면서 자신의 내면에 있는 무능력하고 게으른 면모를 보기도 합니다. 그 순간 토끼는 거북이를 미워하게 되는 것이죠. 어떤 변명도 하지 못하게끔 궁지로 몰아넣고 싶어집니다.

거북이도 마찬가지입니다. 토끼처럼 빠르고 민첩하지 못한 자신을 보며 열등감에 사로잡혀 있습니다. 토끼와 똑같은 조건으로 경주하겠다고 마음먹은 것 자체가 비이성적입니다. 거북이는 어떻게든 토끼를 이겨보려는 영웅 심리의 소유자이자 현실을 망각한 몽상가처럼 보입니다. 불안에 사로잡혔다고도 볼 수 있습니다.

결국 토끼도 거북이도 다 아픔이 있고 상처가 있습니다. 상대방에게 그걸 투사함으로써 자신을 정당화하려 하지만 뜻대로 되지 않습니다.

토끼는 거북이와의 경주에서 패함으로써 씻을 수 없는 치욕과 불명예를 안았습니다. 거북이 역시 죽을 만큼 힘들었던 경주를 통해 제대로 된 경주였다면 토끼를 도저히 이길 수 없다는 걸 깨달았을 겁니다.

흙수저가 보기에 금수저는 구름 속 세상에서 아무런 걱정 없이 살 것 같지만 그렇지 않습니다. 금수저에게도 타인에게 투사하고 싶은 죄의식, 열등감, 공격성 같은 감정들이 있습니다.

흙수저 또한 고단함과 열등감과 패배감 속에 짓눌려 살아가는 것만은 아닙니다. 작지만 의미 있는 성취와 보람과 행복을 느끼며 살아갑니다.

저는 토끼와 거북이의 우화를 이렇게 이해합니다.

당신은 토끼인가요? 아니면 거북이인가요?

당신이 토끼라면 거북이와 경주하기 전에 이렇게 제안하는 건 어떨까요?

"공정한 경주를 위해 나는 10km를 달릴 테니 너는 100m만 달리도록 해."

당신이 거북이라면 토끼와 경주하기 전에 이렇게 제안하는 건 어떨까요?

"출발선과 결승선은 똑같이 하되 들판이 아닌 강이나 바다에서 경주하는 건 어때?"

요즘 우리 사회의 최대 화두는 공정이다. 내 의사와 상관없이 토끼 혹은 거북이로 태어난 것까지야 어쩔 수 없더라도 공정한 장치가 전혀 없는 상태로 같은 출발선에서 경쟁한다는 건 받아들일 수 없다.

삶의 자극제가 되는 발칙한 이솝우화

이성에 호소하면서
본능을 자극해야 하는 이유

위기 상황에 맞닥뜨린 돼지와 사자가
본능과 이성 사이에서 줄다리기하는 이야기

—— 돼지와 사자 ——

한여름 갑작스레 폭우가 쏟아졌습니다. 너무 많은 비가 내리는 바람에 홍수가 났습니다. 숲속에도 홍수가 들이닥쳐 동물들이 다 떠내려가고 나무들은 전부 물에 잠겼습니다.

먹이를 찾아 어슬렁거리던 돼지 한 마리도 급류에 휩쓸려 떠내려갔습니다. 이대로 가면 영락없이 죽은 목숨이라고 생각한 돼지는 안간힘을 써서 근처에 있던 통나무에 올라탔습니다.

그런데 겨우 정신을 차린 돼지는 소스라치게 놀랐습니다. 맞은편에 커다란 사자 한 마리가 있었던 겁니다. 사자 역시 살기 위해 가까스로 통나무를 부여잡고 있었습니다. 놀란 가슴을 쓸어내린 돼지는 사자에게 정중히 인사를 건넨 다음 조심스럽게 입을 열었습니다.

"동물의 왕과 한 통나무에서 만나게 되어 큰 영광입니다. 그런데 지금은 비상 상황입니다. 저희는 홍수로 떠내려가고 있습니다. 이 통나무를 놓치는 순간 물에 빠져 죽거나 급류에 휘말려 바위에 부딪혀 죽게 될 겁니다. 그러니 안전한 곳에 이를 때까지 사이좋게 이 통나무를 붙잡고 있어야 합니다. 식욕이 이성을 마비시키는 일은 절대 일어나선 안 됩니다."

"당연하지. 네 말이 옳아. 너를 잡아먹으려다 우리 둘 다 죽는 어리석은 짓은 하지 않으마."

돼지는 안심이 되었습니다. 통나무를 사이에 두고 돼지와 사자는 홍수에 떠밀려 가며 하루를 보냈습니다. 이튿날 아침이 되어 잠에서 깬 사자가 간밤에 꾼 꿈 이야기를 했습니다.

"간밤에 거리를 떠돌아다니다가 어느 유대교 회당에 들어가 안식일 예배를 드렸지 뭐야?"

사자는 꿈 이야기를 한 다음 돼지를 쳐다보지 않았습니다. 배에서 꼬르륵 소리가 났지만 참고 또 참았습니다. 그런 사자를 보며 돼지는 마음이 놓였습니다. 또 하루가 갔습니다. 다음 날 아침이 되자 사자는 묻지도 않았는데, 지난밤에 꾼 꿈에 관해 이야기했습니다.

"어젯밤 꿈의 연속이었어. 이번엔 내가 성당에서 열리는 금요일 미사에 참석했다니까."

꿈 이야기를 들려준 사자는 가끔 돼지를 물끄러미 쳐다보다가 고개를 돌리곤 했습니다. 사자 배에선 요란한 소리가 들려왔습니다. 사자는 잠을 자는 동안에도 유난히 으르렁거렸습니다. 돼지는 불안했지만, 하루를 더 보냈습니다. 밤이 지나고 아침이 밝자 사자가 기다렸다는 듯 입을 열었습니다. 들으나 마나 간밤에 꾼 꿈 이야기를 하려는 것 같았습니다.

"참 이상해. 사흘 연속 비슷한 꿈이야. 어제는 교회에서 예배를 드렸지. 아주 즐거웠어."

돼지의 표정이 어두워졌습니다. 돼지는 사자를 향해 비장한 목소리로 이야기했습니다.

"떠나야 할 시간이 된 것 같습니다. 행운을 빕니다, 동물의 왕이시여."

통나무를 벗어나려는 돼지를 사자가 황급히 붙잡았습니다.

"아니, 왜 그래? 내가 식욕을 억제하면서 이성적으로 너를 대했는데, 왜 떠나려는 거야?"

"그 이성의 힘이 이제 한계에 도달한 것 같습니다. 유대교인은 돼지고기를 먹지 않습니다. 가톨릭 신자도 성금요일에 돼지고기를 먹지 않죠. 그런데 개신교인은 돼지고기를 즐겨 먹습니다. 동물의 왕께서 유대교와 천주교를 버리고 굳이 개신교를 택하신 건 저를 먹잇감으로 보기 시작한 겁니다. 잡아먹히느니 물에 빠져 죽는 게 나을 것 같습니다."

말을 마치자마자 돼지는 미련 없이 통나무에서 벗어나 강물 속으로 몸을 던졌습니다. 그러곤 유유히 흘러갔습니다. 사자는 침을 삼키며 망연자실한 표정으로 돼지가 떠내려간 쪽을 쳐다봤습니다. 뱃속에선 어느 때보다 요란하게 꼬르륵 소리가 들려왔습니다.

◇ 본능과 이성, 이성과 본능

평상시 같으면 있을 수 없는 일이 위급한 상황에선 종종 일어나기도 합니다. 초원에서 돼지와 사자가 맞닥뜨렸다고 생각해 봅시다.

돼지는 걸음아 나 살려라, 하고 도망쳐야 했을 겁니다. 사자는 쏜살같이 달려 거대한 앞발로 돼지를 넘어뜨린 후 여유 있게 식사를 즐겼겠죠. 대화와 타협이 끼어들 공간이 없습니다. 본능이 이성을 압도하는 순간입니다.

하지만 홍수로 급류에 떠내려가면서 겨우 부여잡고 있는 통나무를 사이에 두고 돼지와 사자가 만났을 땐 본능대로 행동할 수가 없습니다. 위기 상황이기 때문입니다.

안전을 위해 본능을 억제하고 이성적으로 행동해야 합니다. 아무리 사자라도 섣불리 행동할 수 없습니다. 이를 잘 아는 사자는 돼지가 눈앞에 있는 데도 거들떠보지 않습니다. 식욕을 억제해야 합니다.

그러나 하루가 지나고 이틀이 지나면서 이성의 끈이 느슨해집니다. 사자는 배가 고파 죽을 지경입니다. 먹을 게 없으면 모르겠는데, 바로 코앞에 먹음직스러운 돼지 한 마리가 있습니다. 당장이라도 덮치고 싶습니다.

그런데 그랬다가는 돼지의 말처럼 통나무를 놓쳐 물에 빠지거나 급류에 휘말려 바위에 부딪힐 공산이 큽니다. 허기를 채우기 위해 목숨 건 위험을 감수해야 합니다. 이럴 수도 저럴 수도 없는 형편

삶의 자극제가 되는 발칙한 이솝우화

입니다.

사흘이 지나자 마침내 사자의 본능이 이성을 앞서기 시작합니다. 사자는 꿈 이야기로 이를 합리화했습니다. 눈치 빠른 돼지가 알아채고 사자에게 이별을 고합니다.

사자의 식욕이 이성을 마비시키는 순간, 돼지가 살아날 확률은 제로에 가깝습니다. 하지만 강물 속으로 몸을 던졌을 경우 행운이 함께한다면 살아날 수도 있습니다.

돼지는 확률이 조금이라도 높은 쪽에 도박을 겁니다. 그로 인해 사자는 배를 채울 확률이 제로에 가까워집니다. 희비가 엇갈리는 순간입니다.

'본능(本能, Instinct)'은 사람이나 동식물 등 생명체가 갖는 타고난 행동 능력을 말합니다. 경험이나 학습도 영향을 미치지만, 이에 앞서 태어나면서부터 자연스럽게 하게 되는 행동을 가리킵니다.

가르쳐주지 않았는데도 아기가 엄마의 젖을 빨고, 물고기가 헤엄을 치며, 새가 날개를 움직여 하늘을 나는 것 등입니다. 엄마가 자신이 낳은 아기에게 무한한 사랑을 쏟는 건 모성 본능, 꿀벌이나 비둘기가 먼 곳에서 집으로 돌아오는 것은 귀소 본능, 철새가 계절마다 엄청나게 먼 거리를 이동하며 살아가는 건 이동 본능으로 설명되곤 합니다. 자신을 보호하고 생명을 유지하며 종족을 보존하려는 기본적 행동입니다.

'이성(理性, Reason)'은 생각하고 판단하는 능력을 일컫습니다.

2부 좀 더 성숙한 어른을 위한 이솝우화: 성찰

사물이나 사태를 보고 무엇이 옳은지 그른지, 어떤 게 선한지 악한지, 어느 쪽이 아름다운지 추한지를 식별하는 능력입니다.

본능은 생각하고 판단해 하는 행동이 아닙니다. 선천적인 능력에 따라 행동하는 것이죠. 그러나 이성은 생각하고 판단해 어떻게 할지 결정한 바에 따라 행동하는 것입니다. 이성은 동물과 구분되는 인간만의 특징으로 인간을 인간답게 하는 능력입니다.

기쁨, 슬픔, 분노, 욕망, 불안 등의 본능적 감정은 언제든지 인간의 몸과 마음을 사로잡을 수 있습니다. 이성적 의지로 통제하고 제어하지 못하면 인간은 정신의 자립성을 유지할 수 없습니다.

◇ 본능과 이성의 적절한 조화

독일의 철학자 칸트는 본능이나 감성적 욕망에서 나온 행동과 구별해 의무 또는 당위를 인식함으로써 나타나는 행동이 이성적인 행동이라고 정의했습니다. 자율적으로 자기 의지를 결정하는 이성이 있기에 도덕적 행위가 가능한 것이죠.

본능을 억제하고 이성에 따라 행동한다는 건 어려운 일입니다. 본능대로 행동하는 건 쉬울뿐더러 쾌락을 가져다줍니다. 배고플 때 먹고, 졸릴 때 자고, 화가 날 때 욕하는 것입니다.

그런데 배가 고픈데도 남의 것을 훔치지 않고, 졸려도 시험을 위해 밤새워 공부하고, 화가 나도 웃는 얼굴로 상대방을 대하는 건 어렵고 고통스럽습니다.

삶의 자극제가 되는 발칙한 이솝우화

그러나 사회적 존재로서 인간은 도덕적 의무감 혹은 당위성을 인식해 이성적으로 행동합니다. 모든 사람이 본능에 따라 행동한다면 사회는 무질서의 혼란을 겪을 것입니다.

본능과 본능이 충돌하고 욕망과 욕망이 부딪힐 때 다스릴 수 있는 건 이성뿐입니다. 본능에 따라 살고 싶은 욕망을 제어하고 이성의 요구에 따라 살아가는 게 합리적 존재로서 인간이 행해야 할 의무입니다.

정신적으로 혼란을 겪고 힘들어하는 사람 중에, 이성에 따라 생각하고 판단하고 행동하기보다 본능에 따라 분노를 참지 못하고 매사 불안해하며 감정 기복이 지나친 분들이 있습니다. 그래서 분노하고 불안하고 울고 웃다가도 조금 지나면 후회하고 자책합니다.

이와 반대로 너무 이성적으로 생각하고 판단하고 행동하려 애쓰느라 본능과 욕망을 지나치게 억압하고 통제함으로써 자유롭지도 행복하지도 못한 채 중압감에 짓눌려 사는 분들이 있습니다. 언젠가 억눌렸던 본능이 폭발하면 큰 일탈 현상이 일어날 수도 있습니다. 남에게 해를 끼치지 않는 사회적 틀 안에서 본능과 욕망을 적절히 충족시키는 게 필요합니다.

그리고 이성에 의한 행위를 너무 의무와 당위로 포장해 스스로 옥죌 것까진 없습니다. 본능에 의한 행위와 이성에 의한 행위를 적절하게 조화해 나갈 필요가 있는 것이죠.

우화 속 돼지는 어떻게 되었을까요? 물속에 빠져 죽거나 급류에 휩쓸려 가다가 바위에 부딪혀 죽었을 가능성이 큽니다. 요행히 다른 통나무를 붙잡거나 뭍으로 안전하게 떠밀려 생존했을 가능성도 있습니다. 사자는 어떻게 되었을까요? 화도 나고 배도 고파 굶어 죽었든가 역시 뭍에 안전하게 도착했을 수도 있습니다.

돼지로선 둘이 통나무를 붙잡고 무사히 살아났다 해도 그 후에 사자에게 잡아 먹혔을 테니 중간에 사자와 이별한 게 나았을 겁니다. 사자로선 끝까지 내색하지 않고 돼지를 안심시켜 마음 놓게 만들어 함께 뭍에 닿는 게 최선이었을 겁니다. 그게 어렵다면 마지막으로 모험을 감행해 실컷 포식이나 한 다음 장렬하게 최후를 맞는 것도 방법이었겠죠.

사자는 본능에 충실한 것도 아니고 끝까지 이성에 매달린 것도 아닌 어정쩡한 행동을 한 탓에 죽도 밥도 아닌 결과를 가져왔습니다. 만남이 어색했기에 헤어짐도 불안했습니다.

돼지가 통나무에서 사자를 만났을 때 이렇게 말했더라면 어땠을까요?

"존경하는 사자 대왕님은 동물 중 힘이 가장 세니까, 있는 힘껏 통나무를 움직여 무사히 뭍에 닿으면 저를 기꺼이 먹이로 드릴 테니 맛있게 잡수십시오. 지금 위험을 참고 애를 써서 그렇게 되면 사자 대왕님께 꿩 먹고 알 먹는 이득일 것입니다."

이성에 호소하며 은근히 본능을 자극하는 것이죠. 하지만 정작 통나무가 뭍에 닿으면 그때쯤 사자는 기진맥진해 돼지를 잡아먹을 힘이 남아 있지 않을 겁니다.

그러면 걸음아 나 살려라, 하고 도망치는 돼지를 따라가지 못하고 물끄러미 쳐다보고만 있어야 하지 않을까요?

_____

남에게 해를 끼치지 않는 사회적 틀 안에서 본능과 욕망을 적절히 충족시키는 게 필요하다. 그리고 이성에 의한 행위를 너무 의무와 당위로 포장해 스스로 옥죌 것까진 없다. 본능에 의한 행위와 이성에 의한 행위를 적절하게 조화해 나갈 필요가 있는 것이다.

자신을 제대로 바라보며
현실을 직시해야 한다

새끼 개구리들을 실망에 빠지게 하고 싶지 않아
배를 황소만 하게 부풀리려는 엄마 개구리의 이야기

—— 개구리와 황소 ——

개구리 가족이 길을 걷고 있었습니다. 맨 앞에 선 엄마 개구리를 따라 새끼 개구리들이 줄지어 걸었습니다. 한참 걷다가 길에서 커다란 황소 한 마리를 만났습니다. 생전 처음 황소를 본 새끼 개구리들은 그 엄청난 크기에 깜짝 놀랐습니다. 막내 개구리가 말했습니다.

"황소가 대단하긴 하지만, 우리 엄마도 마음만 먹으면 저 정도로 커질 수 있어."

막내의 말에 새끼 개구리들의 시선이 일제히 엄마 개구리에게 쏠렸습니다.

'막내가 뭘 몰라서 저런 소리를 하는 거지… 어떻게 개구리가 황소만 해질 수 있나?'

다들 막내의 말을 믿지 않는 눈치였습니다. 엄마 개구리의 권위가 무너지는 순간이었죠. 엄마 개구리는 당황스러웠습니다. 막내 개구리를 실망시키고 싶지 않았습니다.

"애들아, 막내 말이 맞아. 개구리에게 배를 부풀리는 정도야 아주 쉬운 일이지. 단지 나는 지금의 크기가 좋아서 이대로 있었을 뿐이야. 너희들이 원한다면 황소만큼 커질 수 있어."

"와, 우리 엄마 최고다!"

새끼 개구리들은 일제히 환호했습니다. 엄마 개구리는 기분이 굉장히 좋아졌습니다.

"자, 이 정도면 황소만 하지?"

엄마 개구리는 있는 힘껏 공기를 들이마셔 배를 부풀게 한 후 아이들에게 말했습니다.

"오~ 굉장해요. 그렇지만 황소만 해지려면 아직 멀었어요."

엄마 개구리는 죽을힘을 다해 공기를 들이마셔 다시 한번 배를 부풀렸습니다.

"어때? 이제 황소만 해졌지?"

"엄마 배가 어마어마하게 커졌지만, 황소에 비하면 아직 작아요."

새끼 개구리들의 성화에 엄마 개구리는 거듭해서 공기를 들이마시며 배를 부풀렸습니다.

"자… 어때….".

"엄마, 아직….".

엄마 개구리는 더 숨을 쉴 수 없을 만큼 많은 공기를 들이마셨습니다. 하지만 배가 작아질까 봐 숨을 내쉴 수는 없었습니다. 점점 정신이 혼미해지면서 온몸에 기운이 빠졌습니다.

"펑!"

엄마를 응원하던 새끼 개구리들은 깜짝 놀랐습니다. 엄청난 소리가 났기 때문입니다. 정신을 차려보니 엄마가 죽어 있었습니다. 배가 터져버린 것입니다.

응원이 통곡으로 바뀌었지만, 죽은 엄마 개구리는 살아나지 않았습니다. 초원에 "개골개골" 소리가 넘쳐났습니다.

◇ 전혀 근거 없는 잘못된 믿음, 망상

우화지만 참으로 안타까운 이야기입니다. 새끼 개구리들에게 자랑스러운 모습을 보여주고 싶었던 엄마 개구리의 눈물겨운 모성애는 한편으로 이해되는 측면도 있으나 아무리 그래도 개구리가 황소만 해지려 했다는 건 용기라기보다 만용에 가깝습니다.

전혀 근거 없는 잘못된 믿음을 '망상(妄想, Delusion)'이라고 합니다. 상황이나 사태를 잘못 해석해 갖게 된 지각이나 경험을 두루 포함합니다.

삶의 자극제가 되는 발칙한 이솝우화

자신이 신으로부터 특별한 계시를 받았다고 말하거나 일면식도 없는 유명인과 자신이 특별한 관계를 맺고 있다고 믿는 경우 등이 이에 해당합니다.

잘못된 판단이나 확신으로 일상생활에 지장이 생길 정도면 정신건강의학과를 찾아가 치료를 받아야 합니다. 망상은 비합리적이고 비현실적이라는 점과 감정으로 뒷받침된 주관적 확신을 근거로 과하게 고집을 부린다는 점이 특징입니다.

망상은 형식과 방향에 따라 여러 종류로 나뉩니다. 그중 '과대망상(Delusion of Grandeur)'은 자신의 현재 상태를 실제보다 터무니없이 과장한 다음 그게 마치 사실인 것처럼 믿는 것입니다.

현실은 전혀 그렇지 않은데, 자신의 지위나 재산이나 능력이나 용모나 혈통 등이 매우 특별한 것처럼 부풀려 사실이라고 믿고 행동하는 증상입니다.

'지금은 내가 실업자 신세지만, 머지않아 세상을 놀라게 할 위대한 인물이 될 거야.'

'아무도 모르지만, 내겐 슈퍼맨 이상 가는 초능력이 있어. 곧 사용할 때가 올 거야.'

'남들은 무일푼인 줄 알지만, 사실 나는 백만장자라고. 통장에 엄청난 돈이 있다니까.'

현실과 동떨어진 헛된 믿음을 가지면 어처구니없는 행동을 할 수도 있습니다.

삶의 자극제가 되는 발칙한 이솝우화

엄마 개구리는 자신이 황소처럼 커질 수 없다는 사실을 경험으로 잘 알고 있었을 겁니다.

그런데 새끼 개구리들의 기대와 응원을 받으며 '그까짓 것 왜 못해?', '그 정도는 누구나 할 수 있지.' 하고 한껏 부풀려 생각하기 시작합니다. 과대망상에 빠진 것이죠.

그런 다음 헤어나지 못하고 실제 행동으로 옮깁니다. 배에 실컷 공기를 불어 넣으면 몸집이 커져 황소만큼 거대한 몸집이 될 수 있다고 믿곤 실천에 옮긴 겁니다.

결과는 비참했습니다. 과대망상에서 빨리 벗어나지 못하면 비극적인 일을 맞닥뜨릴 수 있습니다.

이런 증상은 열등감, 패배감, 불안감 등을 보상하고자 노력하다가 생기는 경우가 많습니다. 스스로 보상받기 위해 현실을 왜곡시키고 강하게 믿으면서 결국 현실 감각을 잃어버리는 것이죠.

정당한 노력과 건강한 방법으로 현실의 어려움을 극복하면 힘든 현실이 발전의 촉매로 작용하겠지만, 비정상적인 과정을 통해 회피하고 부인하려 하면 잘못된 믿음, 즉 과대망상에 빠질 수도 있습니다.

자학이나 자기비하도 문제가 될 수 있으나 과대망상은 자신은 물론 주위 사람들에게 예상치 못한 피해를 줄 우려가 있습니다.

◇ 평소에 현실 감각을 잃지 않아야

예전에 치료한 환자 중에 이런 분이 있었습니다. 평범한 직장인이 었는데, 타인과 대화하거나 식사할 때면 대한민국에 모르는 사람이 없는 것처럼 마당발 행세를 했습니다.

"제가 대통령하고 잘 알아요. 어렸을 때 같은 동네에 살았거든요. 아주 친했어요."

"어제 그 가수랑 저녁 먹었어요. 요즘 TV만 틀면 그 사람 노래가 나오더라고요."

"잉글랜드 프리미어리그에서 활약하는 그 축구선수 말이죠? 제가 잘 아는 친한 동생이에요."

"안 그래도 제가 검찰총장에게 전화했었어요. 개인적으로 많은 조언을 해주는 사이죠."

정관계, 경제계, 문화예술계, 체육계에 모르는 사람이 없었고, 친하지 않은 사람이 없었으며, 밥 한 번 먹지 않은 사람이 없었습니다. 말만 듣고 있으면 그의 나이와 학벌과 직업이 믿기지 않을 만큼 대단한 사람처럼 느껴졌습니다. 그러나 전부 사실이 아니었습니다. 그가 말한 누구도 그를 알지 못했습니다. 그들 모두와 친하다는 건 그만의 과대망상이었습니다.

과대망상을 치료하려면 약물 치료와 심리 치료를 병행해야 합니다. 하지만 무엇보다 자기 자신을 제대로 바라보면서 현실을 직시하려고 노력해야 합니다. 평소 현실 감각을 잃지 않는 게 중요합니다. 결국 마음의 문제인 것이죠.

고민과 걱정은 적정한 선에서 멈춰야 하며, 매사 적극적이고 긍정적으로 생각하려고 애써야 합니다. 적당한 자신감은 필요하지만, 지나친 자만심은 경계해야 합니다.

과대망상에 빠진 사람이 가족이나 친구 혹은 동료일 경우 지나치게 나무라거나 야단쳐서 고쳐보겠다고 나서는 건 위험합니다.

그가 과대망상에 빠지기까지 겪어야 했던 쓰라린 열등감, 깊은 패배감, 힘겨웠던 불안감 등을 이해하고 보듬어주는 진정한 공감과 위로가 선행되어야 합니다. 가장 힘들고 괴로운 건 환자 본인입니다.

다시 우화 속으로 들어가보겠습니다. 새끼 개구리들이 엄마 개구리를 보며 환호합니다.

"와, 우리 엄마 최고다!"

이때 엄마 개구리가 현실을 직시하고 유머로 대처했더라면 어땠을까요?

"어때? 이 정도면 황소는 안 돼도 송아지만큼은 되지? 엄마 멋지지 않니? 후후!"

이쯤에서 그쳤더라도 새끼 개구리들은 엄마의 용기와 능력에 박수를 보냈을 겁니다.

엄마 개구리가 과대망상에 빠졌을 때 냉철한 새끼 개구리가 말렸더라면 어땠을까요?

"엄마, 이제 그만해도 돼요. 그 정도면 충분해요. 엄마는 황소 못지않게 커요."

비극은 과대망상에 빠진 엄마 개구리와 부추긴 새끼 개구리들의 합작품이었습니다.

결국 마음의 문제다. 고민과 걱정은 적정한 선에서 멈춰야 하며, 매사 적극적이고 긍정적으로 생각하려고 애써야 한다. 적당한 자신감은 필요하지만, 지나친 자만심은 경계해야 한다.

지금 당장
자리를 박차고 일어서는 용기

동업으로 큰 성공을 거두려다가
사업을 시작하기도 전에 모든 걸 잃어버린 이들의 이야기

—— 박쥐와 가시나무와 갈매기 ——

박쥐와 가시나무와 갈매기가 한자리에 모였습니다. 이런저런 대화를 나누던 중 사업 이야기가 나왔습니다. 이때 갈매기가 먹고살기 위해 각자 애쓰기보다 함께 지혜를 모아 한 가지 일에 집중하는 게 좋지 않겠느냐고 제안했습니다. 박쥐와 가시나무도 동의했습니다.

"그럼, 우리 이제부터 동업하는 거야."

모두 좋다고 손뼉을 쳤습니다. 사업자금을 모아 멀리 떠나기로 했죠.

박쥐는 모아둔 돈에 이리저리 융통해 상당한 금액의 돈을 마련해 내놓았습니다. 가시나무는 내다 팔 고급 옷감을 가져왔습니다. 잘만 팔면 꽤

큰돈이 될 듯했습니다. 갈매기는 귀한 청동을 가지고 왔습니다.

각자 자기가 마련할 수 있는 가장 값진 걸 가져온 것입니다. 이를 기반으로 먼 나라에 가서 장사하면 크게 성공하리라 기대했습니다.

세 친구는 배에 올라탔습니다. 가져온 돈과 옷감과 청동을 챙겨 부푼 꿈을 안고 배에 몸을 실었죠. 그런데 얼마 뒤 큰 폭풍을 만났습니다. 거센 풍랑과 비바람에 배가 갈 바를 알지 못한 채 마구 흔들렸습니다.

살기 위해 모든 짐을 바다로 던져야 했습니다. 그런데도 풍랑은 그칠 줄 몰랐습니다. 마침내 배는 산산조각 났고, 세 친구는 육지로 떠밀려와 가까스로 목숨을 구했습니다. 하지만 곧 시름에 젖어 눈물을 흘리며 탄식을 쏟아냈습니다. 정말이지 눈앞이 캄캄했습니다.

"도저히 믿을 수가 없어. 악몽을 꾼 게 아닐까?"

"어떻게 살아야 할지 모르겠어. 이러다가 미쳐버릴 것 같아…."

그 후 갈매기는 바닷가를 맴돌며 살았습니다. 바닷속에 빠뜨린 청동을 발견하기 위해서였죠. 폭풍이 일거나 파도가 거셀 때면 혹시나 뭍으로 청동이 떠밀려 오지나 않을까 살피느라 분주했습니다.

박쥐는 돈을 빌려준 이들을 만날까 봐 동굴 속에 숨어 지냈습니다. 낮에는 꼼짝하지 않고 숨어 있다가 밤에 먹이를 구하러 밖으로 나왔습니다.

가시나무 역시 잃어버린 옷감을 찾기 위해 동분서주했습니다. 바다 위를 떠돌다가 뭍에 나온 옷감을 누군가 가져다 옷을 만들어 입을 수도 있었기에 사람들만 보면 옷을 먼저 살펴보게 되었죠. 그래서 지나가는 사람들 옷에 찰싹 달라붙어 여간해선 떨어지지 않게 되었답니다.

삶의 자극제가 되는 발칙한 이솝우화

◇ 벗어나려고 발버둥 칠수록 집착에 빠진다

쓰디쓴 배반이나 실패를 경험해본 적 있는 사람이라면 누구나 공감할 겁니다. 후회가 밀물처럼 밀려들고 끝없는 자책에 빠집니다. 미련과 집착도 만만치 않죠.

그때 이렇게 말했더라면 그가 떠나지 않았을 텐데, 그때 이렇게 행동했더라면 그 사업이 실패하지 않았을 텐데…. 의미도 소용도 없다는 걸 잘 알면서도 자꾸만 이런 생각을 하게 됩니다.

지나가는 사람이 온통 헤어진 연인처럼 보이고, 다른 사람이 쓰는 물건이 죄다 실패한 사업장에서 만들던 그 물건처럼 보입니다. 달려가 지나가는 사람을 붙잡기도 하고 상점에 뛰어 들어가 제품을 확인해보지만, 내가 생각하고 있던 사람이나 물건이 아닙니다.

미련과 집착에서 벗어나려면 상당한 시간이 지나야 합니다. 도저히 잊을 수 없을 것 같던 슬픈 기억도, 절대로 지워지지 않을 것 같던 아픈 흔적도 시간이 지나면 시나브로 잊히고 지워집니다. 그것이 인생입니다.

기억이 잊히지 않고 흔적이 지워지지 않는다면, 아무리 시간이 흘러도 그 순간의 슬픔과 아픔이 생생히 느껴진다면, 사는 게 너무 힘들고 괴로울 겁니다. 세월이 약이라는 말은 꽤 쓸쓸한 말인 것 같지만, 수많은 슬픔과 아픔을 겪으며 살아야 하는 사람들에겐 큰 위로일 수 있습니다.

그런 의미에서 장기 기억 속에 이미 저장되었던 정보를 잃어버리는 현상인 '망각(Forgetting)'은 긍정적인 기능이기도 합니다. 일상 속에서 새로운 기억이 계속되듯 망각 또한 지속적이고 보편적으로 일어납니다.

그런데 슬픈 기억과 아픈 흔적을 빨리 떨쳐버린 뒤 미래를 향해 새롭게 출발하려고 해도 마음먹은 대로 잘되지 않는다면 어떨까요? 과거에 대한 집착에서 벗어나지 못한 채 늘 그때 일을 떠올리며 괴로워한다면 말입니다. 아마도 일상생활을 정상적으로 유지하기 어려울 겁니다. 이를 안타깝게 바라봐야 하는 가족이나 주변 사람들의 고충 역시 이만저만 아니겠죠.

이렇듯 집착이 생기면 사물을 바라보거나 해석하는 방향이 한 방향으로만 고착되어 다른 관점이나 입장을 쉽사리 받아들이지 못합니다. 또한 한 방향으로 생각과 감정이 갇혀버려 차츰 확대되고 확산함으로써 브레이크 없는 위험한 생각으로 치닫거나 현실감을 상실할 수도 있습니다.

집착을 일으키는 원인은 다양하지만, 점점 심각해지면 경직되고 편향된 상태를 거쳐 다양한 정신병리 현상으로 발전하게 되는 것입니다.

'흰곰 효과(White Bear Effect)'라는 게 있습니다. 1987년 미국 하버드대학교 사회심리학과 다니엘 웨그너 교수는 독특한 심리 실험을 했습니다.

학생을 두 그룹으로 나눠 A그룹에는 5분 동안 흰곰에 대해 생각하라고 지시하고, B그룹에는 5분 동안 흰곰에 대해 생각하지 말라고 지시했습니다. 그리고 학생들에게 흰곰이 떠오를 때마다 종을 치라고 일러뒀죠.

종을 친 횟수가 많은 그룹은 어느 쪽이었을까요? 당연히 흰곰을 떠올리지 말라고 한 B그룹보다 흰곰을 떠올리라고 한 A그룹이 훨씬 더 많이 쳤을 것입니다. 하지만 결과는 정반대였습니다. 흰곰을 생각하지 말라는 지시를 받은 B그룹이 종을 더 많이 친 겁니다.

이 같은 심리 현상을 흰곰 효과라고 합니다. 특정한 생각이나 욕구를 억누르려 하면 할수록 자꾸 떠오르면서 더 하게 됩니다. '사고 억제의 역설적 효과'라고도 합니다.

이처럼 집착은 무서운 겁니다. 벗어나려고 발버둥 치면 칠수록 집착에 더 깊숙이 빠지고 마는 것입니다.

◇ 과도한 집착에서 벗어나려면

세계 최대 자동차 회사인 테슬라의 최고경영자 일론 머스크는 세상에서 가장 부유한 인물이기도 합니다. 그가 이전에 방송에서 자신이 '아스퍼거 장애(Asperger Disorder)'라는 사실을 밝혔습니다.

아스퍼거 장애는 발달 장애의 일종입니다. 발달 장애란 해당 나이에 진행되어야 할 정신과 육체의 발달이 이뤄지지 않은 상태를 말하죠.

아스퍼거 장애는 정상적인 지적 능력을 갖추고 있지만 사회성이

나 행동 면에서 문제를 보입니다. 특정 물건이나 행동에 심하게 집착하고 관심 분야가 한정되어 있습니다. 상황에 맞지 않는 말을 하거나 농담을 받아들이지 못하고 화를 내는 등 사회성이 부족해 대인관계에 어려움을 겪기도 하죠.

유치원이나 초등학교에 들어가는 시기에 주로 나타나지만, 성인 환자도 증가하는 추세입니다.

일론 머스크는 천재적인 사업가이면서도 명성에 걸맞지 않은 수많은 기행을 일삼는 것으로도 유명합니다. 20여 년간 주당 100시간 이상씩 쉬지 않고 일한 일 중독자로도 유명하죠.

그는 가상화폐와 관련된 기이한 언행으로 사기꾼이라는 소리를 듣기도 했습니다. 여러 차례 도지코인에 관해 얘기하면서 시세 폭등과 폭락을 불러왔습니다. 비트코인을 테슬라 자동차 구매 결제 수단으로 하겠다고 발표했다가 취소해 혼선을 불러일으키기도 했고요.

그가 아스퍼거 장애를 앓고 있다는 소식은 그의 예측 불가능한 기행의 원인을 이해할 수 있게 만들어준 측면이 있습니다. 한 가지 일에 미친 듯이 몰두하며 집착에서 빠져나오지 못한 그의 삶은 아스퍼거 장애로 인해 더욱 가속화된 듯이 보이기 때문입니다.

과도한 집착은 성공의 요인이 되기도 하지만, 인생을 다양하고 여유롭게 즐길 수 없게 만드는 실패의 원인이 되기도 합니다.

과도한 집착에서 벗어나려면 어떻게 하는 게 좋을까요?

첫째, 집착의 원인이 되는 대상과 거리를 두는 게 좋습니다. 어떤 사람이나 사물에 집착하고 있다면, 그 사람이나 사물과 가까이 있을 때 다른 생각을 전혀 할 수 없게 됩니다. 이런 상황을 의도적으로 피해야 합니다.

갈매기가 자꾸 바다를 맴돌고, 박쥐가 동굴 속에서 나오지 않으며, 가시나무가 지나가는 사람들 옷만 쳐다보면 과거의 상처에서 벗어날 수 없습니다. 물리적 거리는 마음의 거리와 비례합니다. 눈에서 멀어지면 마음에서도 멀어집니다.

둘째, 집착하고 있는 대상에 관심을 주지 말아야 합니다. 집착하고 있는 대상에 자꾸만 관심을 주면 집착하는 습관을 고치기 어려워집니다. 집착을 끊어버리기 위해선 집착하고 있는 것에서 멀찍이 떨어져야 합니다.

예를 들어, 갈매기와 박쥐와 가시나무가 만났을 때 청동과 돈과 옷감에 관해 이야기하면 안 됩니다. 배나 폭풍을 언급해도 안 되겠죠. 그걸 떠올리거나 입 밖에 내뱉는 순간, 과거의 기억이 되살아납니다. 아예 관심을 꺼야 합니다.

셋째, 집착하는 대상에서 벗어나기 위해 다른 것에 애정을 쏟는 등 노력을 기울여야 합니다. 흰곰 효과처럼 생각하지 않으려 하면 할수록 더 생각나기 때문에 떨치고 다른 데 집중하는 게 쉬운 일은 아닙니다.

그러나 인생의 다양한 즐거움을 찾으려면 극복하려고 애써야 합니다. 새로운 일을 찾거나 다른 곳으로 이사하거나 색다른 취미를 시작하는 것도 좋습니다. 다른 데서 큰 보람과 기쁨을 누리다 보면 집착에서 점차 벗어날 수 있습니다.

◇ 자리를 박차고 일어서는 용기

쓰디쓴 배반이나 실패를 경험한다는 건 정말 아프고 괴로운 일입니다. 하지만 이미 벌어진 일입니다. 돌이킬 수 없습니다. 아파하고 괴로워한다고 해서 과거가 없어지거나 뒤바뀌는 건 아닙니다. 매일 집착에 빠져 산다 한들 떠나간 연인이 되돌아오거나 망해버린 사업이 다시 일어서는 기적은 일어나지 않습니다.

빨리 잊고 훌훌 털어버리는 게 가장 좋은 치유법입니다. 기회는 반드시 또 오게 마련입니다.

한 번도 배반당하지 않고, 한 번도 실패하지 않은 채 인생을 탄탄대로로만 살아가는 사람은 없습니다. 배반과 실패의 경험을 어떻게 극복하고, 새로운 인생의 발판으로 삼느냐 그렇지 못하느냐 하는 차이가 있을 뿐입니다.

지금 박쥐와 가시나무와 갈매기에게 필요한 게 뭘까요?

"야, 우리 사는 곳을 한번 바꿔 볼까?"

박쥐는 바다로 나오고, 가시나무는 동물 속으로 들어가고, 갈매기는 육지에서 살아가는 겁니다. 박쥐는 빚쟁이 생각을, 가시나무는 옷 생각을, 갈매기는 청동 생각을 떨쳐버릴 수 있지 않을까요?

삶의 자극제가 되는 발칙한 이솝우화

집착의 대상에서 멀어지는 겁니다. 새로운 환경을 만드는 거죠.

그래도 안 되면 이런 건 어떨까요?

"우리 같이 모여 사는 건 어때? 이번엔 산에 가서 사는 거야."

박쥐는 밭농사를 짓고, 가시나무는 채소를 기르고, 갈매기는 과일을 키우는 겁니다.

바다와 육지에서 멀어지면 바다에 빠뜨린 아까운 돈과 물건에 대한 기억도 조금씩 사라질 겁니다. 열심히 일해 소출이 많아지면 내다 팔아 폭풍으로 입었던 손실을 만회할 수도 있고요.

지금 가장 필요한 건 자리를 박차고 일어서는 용기입니다.

─────────────────────

쓰디쓴 배반이나 실패를 경험하는 건 아프고 괴롭지만 이미 벌어진 일이다. 돌이킬 수 없다. 아파하고 괴로워한다고 해서 과거가 없어지거나 뒤바뀌는 건 아니다. 빨리 잊고 훌훌 털어버리는 게 가장 좋은 치유법이다. 기회는 반드시 또 오게 마련이니 말이다.

거짓이나 꾸밈 없이
바르고 곧은 마음을 가진 사람

쇠도끼를 강물에 빠뜨린 나무꾼의 정직함에
헤르메스 신이 감복해 금도끼와 은도끼까지 건네준다는 이야기

─── 금도끼 은도끼 ───

한 나무꾼이 강가에서 나무를 베다가 실수로 도끼를 강물에 빠뜨렸습니다. 도끼는 나무꾼에게 유일한 생계 수단이었습니다. 가난했기에 도끼를 새로 살 수도 없었습니다. 나무꾼은 강가에서 슬피 울었습니다.

이때 강둑에서 헤르메스 신이 나타나 나무꾼에게 물었습니다.

"왜 그리 서럽게 우는 것이냐?"

"실수로 도끼를 강물에 빠뜨렸습니다. 도끼가 없으면 제 가족은 먹고살 수가 없습니다."

나무꾼의 딱한 사정을 들은 헤르메스 신은 도끼를 꺼내주기 위해 강물

에 뛰어들었습니다. 잠시 후 강물에서 나온 헤르메스 신은 나무꾼에게 금도끼를 보여줬습니다.

"이것이 네가 잃어버린 그 도끼냐?"

"아닙니다. 그건 금으로 만든 도끼입니다. 제 도끼는 쇠도끼입니다."

헤르메스 신은 다시 강물로 들어갔다가 한참 뒤에 나왔습니다.

"그러면 이것이 네가 잃어버린 도끼냐?"

헤르메스 신의 손에는 은으로 만든 도끼가 들려 있었습니다.

"그것도 아닙니다. 제 도끼는 비싼 은도끼가 아니라 쇠도끼입니다."

헤르메스 신은 또 한 번 강물 속으로 들어갔다가 나왔습니다.

"이번엔 틀림없겠지. 이것이 네가 잃어버린 도끼 맞느냐?"

헤르메스 신은 나무꾼이 잃어버린 낡디낡은 쇠도끼를 들고 있었습니다.

"네, 맞습니다. 제 도끼입니다. 소중한 도끼를 찾아주셔서 감사합니다."

값비싼 금도끼와 은도끼를 마다한 나무꾼은 자신의 오래된 쇠도끼를 보고 반색하며 즐거워했습니다. 그러곤 도끼를 되찾아준 헤르메스 신에게 머리를 조아려 감사를 표했습니다.

헤르메스 신은 나무꾼의 정직함에 감탄했습니다. 인간들이 사악한 줄만 알았는데, 이리도 순진하고 정직한 사람이 있었다는 사실에 놀란 것이죠. 이윽고 헤르메스 신이 말했습니다.

"너는 참으로 정직하구나. 상으로 이 세 개의 도끼를 다 너에게 주마."

헤르메스 신은 잃어버린 쇠도끼는 물론 금도끼 은도끼까지 모두 나무꾼에게 줬습니다.

◇ 정직한 사람이 복을 받는다는 이야기

'금도끼 은도끼'로 잘 알려진 이 이야기의 원래 제목은 '나무꾼과 헤르메스'입니다. 널리 알려진 이야기죠. 헤르메스는 그리스 신화에 나오는 신으로 여행자, 도량형, 상업, 도둑과 거짓말쟁이의 교활함 등을 주관합니다. 주로 신의 뜻을 인간에게 전달하는 전령 역할을 하죠.

그런데 재밌는 건 많은 사람이 이 이야기가 우리 전래동화인 줄 알고 있다는 겁니다. 한국화된 『이솝우화』에서 헤르메스는 대개 산신령으로 등장합니다.

산에 나무하러 간 나무꾼이 도끼를 연못에 빠뜨리자 산신령이 나타납니다. 나무꾼의 정직함에 탄복한 산신령이 금도끼, 은도끼, 쇠도끼를 전부 나무꾼에게 줘서 나무꾼이 부자가 된다는 이야기입니다.

1906년과 1907년 대한교육회가 간행한 『초등소학』에 이 이야기가 처음 소개되었다고 하니 꽤 오래된 셈이죠. 긴 세월 동안 전해지면서 한국의 전래동화인 줄 착각하게 된 겁니다.

그런가 하면 '나무꾼과 헤르메스'의 후속편도 있습니다.

정직한 나무꾼이 나무를 베다가 강물에 도끼를 빠뜨리는 바람에 헤르메스 신으로부터 금도끼와 은도끼를 선물로 받아 부자가 되었다는 소식을 들은 어떤 욕심 많은 나무꾼이 있었습니다.

그는 정직한 나무꾼을 찾아가 자초지종을 캐물었습니다. 그런 다음 자신도 쇠도끼를 들고 강가로 나무를 하러 갔습니다. 그는 열심히 나무를 하는 척하다가 일부러 강물에 도끼를 빠뜨린 후 큰소리로 울부짖었습니다.

아나나 다를까 헤르메스 신이 나타나 울고 있는 이유를 묻더니 잠시 뒤 금도끼를 들고 나타났습니다.

"이것이 네가 잃어버린 그 도끼냐?"

번쩍번쩍 빛나는 순금으로 만든 도끼였습니다. 금도끼와 은도끼를 내 것이 아니라고 사양한 뒤 쇠도끼를 내 것이라고 해야 정직하다며 세 개의 도끼 모두를 상으로 받게 된다는 사실을 단단히 외워뒀는데도, 금도끼를 보자 욕심이 생겨 도저히 사양할 수가 없었습니다.

"네, 맞습니다. 금으로 만들어진 그 도끼가 바로 제 도끼입니다. 어서 이리 주십시오."

그러자 헤르메스 신의 얼굴이 굳어졌습니다. 후안무치한 나무꾼에게 화가 난 것입니다.

"이런 못된 놈 같으니라고. 네 도끼는 쇠도끼인데, 왜 금도끼를 네 것이라고 하느냐?"

헤르메스 신은 나무꾼을 호되게 야단친 후 아무 도끼도 주지 않은 채 강물 속으로 사라져버렸습니다. 욕심쟁이 나무꾼은 쇠도끼마저 헤르메스 신에게 뺏기고 만 것입니다.

이 우화는 정직한 사람이 복을 받는다는 훈계를 할 때 빈번히 등장합니다.

정직은 유교적 가치관이 몸에 밴 한국인에게 으뜸가는 덕목 중 하나입니다. 초등학교부터 중고등학교까지 학교에서 지정한 교훈 중 정직은 가장 상위에 있는 어휘일 겁니다. 보통 성실, 정직, 근면 등이 많이 볼 수 있는 교훈입니다. 정직한 사람을 길러내는 게 교육의 목표이기도 하죠.

그런데 이토록 정직을 강조하는데, 왜 현실 사회에선 정직한 사람을 찾기 힘든 걸까요?

우화의 교훈과 달리 정직한 사람은 매번 손해를 보거나 불이익을 당하고, 적당히 거짓말도 하고 아부도 하며 잔머리를 굴리는 사람, 즉 정직하지 못한 사람은 이득을 얻고 인정을 받아 성공에 한 발 더 가까이 간다는 인식이 자리 잡고 있기 때문입니다. 대단한 모순이죠.

◇ 꾸미지 않는 정직, 숨기지 않는 솔직

'정직(正直)'은 마음에 거짓이나 꾸밈이 없이 바르고 곧다는 뜻입니다. 모든 사람이 정직하면 세상은 말 그대로 천국이 될 겁니다. 정치도 경제도 사회도 교육도 예술도 구김살 하나 없이 반듯한 모양새가 되겠죠. 거짓, 술수, 음모, 모략 등이 발붙일 수 없는 세상입니다.

정직한 것과 솔직한 것의 차이는 무엇일까요? 정직과 솔직은 어

삶의 자극제가 되는 발칙한 이솝우화

떤 점이 다를까요?

'솔직(率直)'은 거짓이나 숨김 없이 바르고 곧다는 뜻입니다. 정직과 거의 같은 뜻입니다.

한자를 비교해봐도 별다른 차이가 없습니다. 바르고 곧은 마음이라는 점에선 똑같지만, 굳이 차이점을 찾자면 정직은 꾸미지 않는 것이고 솔직은 숨기지 않는 것입니다.

영어의 뜻을 들여다보면 차이가 비교적 확연해집니다. 솔직은 'frank', 정직은 'honest'로 번역됩니다.

frank는 'free'에서 유래한 말입니다. 자유롭게 아무것도 고려하지 않고 말하는 것이죠. 마음에 한 점 거짓이나 숨김 없이 모든 걸 드러내는 것입니다.

그러다 보니 때론 본의 아니게 타인을 불편하게 만들 수 있습니다. 노골적으로 다 밝히는 거니까요.

honest의 어원은 'honor'입니다. 자유롭게 할 말 다 하는 게 아니라 명예를 생각하는 것이죠. 명예롭게, 명예를 생각하며 말하고 행동하는 게 정직입니다.

정직하다는 건 자유롭게 모든 걸 드러내는 게 아니라 상대방을 존중하면서 명예롭게 예의를 갖춘 행위입니다. 그런 의미에서 타인을 불편하게 하지 않습니다.

솔직함은 타인의 부족함을 들춰내는 말일 수 있지만, 정직함은 자신의 부족함을 드러내는 말일 수 있습니다.

"내가 솔직히 한번 말해볼까?" 혹은 "솔직히 말하자면 말이야."라는 말은 상대방에게 "이제부터 너를 불편하게 만들 수 있는 말을 할 테니 단단히 각오하고 들어."라고 하는 말이기도 합니다.

복잡하게 얽혀 있는 마음속의 여리고 세심한 결을 솜털처럼 부드럽고 따사로운 문장으로 어루만지는 책 『마음 사전』에서 김소연 시인은 솔직함과 정직함을 이렇게 설명합니다.

"솔직함은 자기감정에 충실한 것이고, 정직함은 남을 배려하는 것이다. 솔직함은 전부를 다 풀어 헤친다. 이율배반적인 것들과 대책 없는 것들과 막무가내인 것들까지 그냥 다 뱉어낸다. 솔직함은 가리지 않는다. 그리고 솔직하게 털어놓는 것 말고는 아무것도 의도하지 않는다. 반면 정직함은 전부를 다 풀어 헤치지 않는다. 일부러 그렇게 하지 않는다. 이율배반적인 것들 중에서 일관성을 찾아 정리하고, 대책 없는 것들의 대책을 궁리한다. 그렇기 때문에 정직함은 한층 더 정리되어 있으나 고집스럽고 편집적이다. 정직함은 가리는 것이 있다. 의도하는 바가 있기 때문이다. 믿음을 주겠다는 신념 아래에서 의도적으로 행해지는 것이 정직함이다."

◇ 자기 이익을 위해 남을 해하지 않는 사람

'금도끼 은도끼' 우화에서 헤르메스 신에게 세 개의 도끼를 상으로 받은 나무꾼은 정직한 사람입니다.

헤르메스 신이 강물에서 금도끼와 은도끼를 가지고 나와 이것이 네 것이냐고 물었을 때 눈 딱 감고 내 것이라고 속여 받을 수 있었습니다. 그랬더라면 잃어버린 쇠도끼를 장만하고도 남은 돈으로 지긋지긋한 가난에서 벗어날 수 있었습니다.

그러나 그는 그렇게 하지 않았습니다. 금도끼와 은도끼는 내 것이 아니라고 거절했습니다. 떳떳하게 양심과 명예를 지킨 것이죠. 거짓이나 꾸밈이 없이 바르고 곧은 마음을 가진 사람이었습니다. 자기 이익을 위해 누군가를 해롭게 하거나 불편하게 만들지 않는 배려의 사람입니다.

이에 반해 헤르메스 신에게 금도끼와 은도끼를 상으로 받기는커녕 자신이 가지고 간 쇠도끼마저 빼앗겨버린 나무꾼은 정직하진 않았으나 매우 솔직한 사람이었습니다.

헤르메스 신이 금도끼를 들고 나타났을 때 그는 자신의 마음을 도저히 숨길 수 없었습니다. 눈앞에서 번쩍이는 황금에 온통 마음을 빼앗긴 것이죠.

자신의 마음을 있는 그대로 솔직히 표현했습니다. 금도끼가 내 도끼니까 빨리 달라고 한 겁니다. 꽤 솔직한 사람입니다.

하지만 그의 솔직함은 진실이 아니었습니다. 거짓을 진실이라고 믿은 잘못된 솔직함이었습니다. 그의 왜곡된 솔직함은 헤르메스 신을 실망에 빠뜨리고 분노하게 했습니다.

누구나 평화를 말하지만, 세상엔 여전히 전쟁과 폭력이 끊이지 않습니다. 누구나 사랑을 말하지만, 세상엔 여전히 미움과 증오가 넘쳐나고 있습니다. 누구나 정의를 말하지만, 세상엔 여전히 불의와 특권이 그치지 않습니다. 누구나 정직을 말하지만, 세상엔 여전히 거짓과 모략이 기승을 부립니다.

세상이 점점 더 삭막하고 혼탁해져가는 것 같습니다.

◇ 마스크도 가면도 필요 없는 세상

코로나 팬데믹 이후 몇 년 동안 마스크를 쓰고 살면서 얼굴과 얼굴을 직접 마주할 기회가 줄어들다 보니 위선이나 허위의식에 너무 익숙해져버린 걸까요?

제19회 평창대관령음악제 표어가 '마스크'였습니다. 연주자도 청중도 모두 마스크를 쓴 채 음악을 감상하고 연주했습니다.

'페르소나'가 생각났습니다. 페르소나(Persona)는 고대 그리스 가면극에서 배우들이 썼다 벗었다 하던 가면을 가리킵니다.

스위스 출신의 정신과 의사 칼 구스타프 융은 분석심리학 관점에서 본성을 감추거나 다스리기 위해 사회에서 요구하는 도덕이나 질서나 의무 등을 따르는 걸 페르소나라고 지칭했습니다.

주변 사람들에게 자신이 어떻게 보이는지 신경 쓰면서 자신을 좋은 이미지로 보이도록 본성과는 다른 가면을 써서 연기하는 것입니다. 사람은 누구나 본능적으로 페르소나를 가지고 있습니다.

언제일지 모르지만 시원하게 마스크를 벗어 던질 어느 날, 우리 내면에 가지고 있던 가면, 즉 페르소나도 벗어 던지면 좋겠습니다.

삶의 자극제가 되는 발칙한 이솝우화

마스크도 가면도 필요 없는 세상, 위선과 허위의식이 없는 세상, 정직한 사람들이 인정받고 명예를 얻을 수 있는 세상이 왔으면 좋겠습니다. '금도끼 은도끼' 우화 속의 우직한 나무꾼이 넘쳐나는 그런 세상 말입니다.

정직하다는 건 자유롭게 모든 걸 드러내는 게 아니라 상대방을 존중하면서 명예롭게 예의를 갖춘 행위다. 그런 의미에서 타인을 불편하게 하지 않는다. 솔직함은 타인의 부족함을 들춰내는 말일 수 있지만, 정직함은 자신의 부족함을 드러내는 말일 수 있다.

3부

전환점을 마련하고 싶을 때
이솝우화

성숙

무엇이든 받아들이고
인정할 수 있는 열린 마음

육지에서의 위협만 경계하고 바다는 안전하다고 믿은
외눈박이 사슴의 비극적인 이야기

—— 외눈박이 사슴 ——

한쪽 눈이 보이지 않는 사슴이 있었습니다. 예전엔 아주 잘생기고 시력도 좋은 멋쟁이였습니다. 그러던 어느 날 사냥꾼이 쏜 화살에 맞는 바람에 목숨은 간신히 구했으나 한쪽 눈을 잃어버린 것입니다. 상심이 컸지만 그래도 그만한 게 다행이라 생각했습니다.

하루는 바닷가에 가서 풀을 뜯어 먹었습니다. 풀이 잔뜩 자라 있었지만 아무도 없어 실컷 먹을 수 있었습니다. 그러나 언제 어디서 무서운 짐승이나 사냥꾼이 나타날지 몰라 철저히 경계해야 했습니다. 외눈박이 사슴은 어떻게 주변을 살피는 게 가장 좋을지 궁리했습니다.

'그래, 못 쓰게 된 눈을 바다 쪽에 두고 잘 보이는 눈으로 숲을 경계하는 게 좋겠어.'

늑대나 사자 혹은 사냥꾼이 온다면 분명히 육지에서 올 테니 숲을 경계하는 게 최선이라고 생각한 겁니다. 망망대해 위엔 아무것도 보이지 않았습니다. 어떠한 위험도 없는 것 같았죠.

사슴은 성한 눈으로 숲을 바라보며 맛있는 풀을 신나게 뜯어 먹었습니다. 하지만 사슴이 넋을 놓고 풀을 뜯는 사이 바다 위에 배 한 척이 나타났습니다.

배에선 낚시꾼들이 물고기를 잡고 있었습니다. 그중 한 낚시꾼이 바닷가에서 풀을 뜯어 먹고 있는 사슴을 발견했습니다. 물고기보다 훨씬 크고 맛있는 사슴을 잡아먹는 게 낫겠다고 마음먹었습니다. 그는 곧바로 활을 들어 사슴에게 화살을 쏘았습니다. 화살은 정확히 사슴을 향해 날아가 명중했습니다.

바다와 육지에 아무런 위험도 없다고 믿으며 정신없이 풀을 뜯고 있던 사슴은 화살을 맞고 죽어갔습니다. 그러면서 모든 걸 포기한 듯 중얼거렸습니다.

"숲은 위험하다고 생각해 잘 보이는 눈으로 잔뜩 경계하고 있었으면서 훨씬 위험한 바다는 안전하다고 믿고 보이지 않는 눈에만 의존하고 있었으니 정말 한심하기 짝이 없었구나."

그날 밤 낚시꾼들은 물고기 대신 횡재한 사슴고기를 구워 먹으며 마음껏 포식했습니다.

◇ 많은 사람이 외눈박이 사슴처럼 살아간다

이 이야기를 읽는 사람들은 누구나 외눈박이 사슴의 어리석음을 지적하며 혀를 찹니다.

"쯧쯧, 한쪽 눈이 안 보이더라도 다른 쪽 눈으로 두리번거리며 충분히 경계했어야지."

"두루두루 살펴야지. 보이는 게 다라고 생각하며 안이하게 있었으니 그런 꼴을 당하지."

모두 맞는 말입니다. 사슴이 비참한 종말을 맞은 건 외눈박이였기 때문이 아니라 한쪽 눈에 보이는 게 전부라고 믿곤 보이지 않는 곳에 도사린 위험들을 간과한 데 있었습니다. 위험은 어디에나 있다는 생각으로 철저히 경계했다면 막을 수 있는 비극이었습니다.

그런데 따지고 보면 많은 사람이 외눈박이 사슴처럼 살아갑니다. 보고 싶은 것만 보고, 듣고 싶은 것만 듣고, 믿고 싶은 것만 믿으며 사는 겁니다.

보지 못하는 것, 듣지 못하는 것, 믿지 못하는 것 속에 진실이 있을 수 있다는 사실을 외면하며 삽니다. 보고 있는 것, 듣고 있는 것, 믿고 있는 것 속에 거짓과 오류가 있을 수 있다는 사실을 인정하려 들지 않습니다.

이런 사람이 많은 사회는 언제나 대립과 긴장이 넘쳐나고 곳곳에 위험 요소들이 존재합니다. 평화롭지 않고 늘 살벌한 분위기가 넘쳐납니다.

자신의 신념과 일치하는 정보는 받아들이고 일치하지 않는 정보는 무시하는 경향을 '확증편향(Confirmation Bias)'이라고 합니다. 내가 알고 있는 믿음과 신념에 부합되는 정보나 근거를 발견하면 관대한 태도로 즉각 받아들이지만, 상반되는 정보나 근거를 접하면 적대적이거나 인색한 태도를 보이며 통 받아들이려 하지 않는 겁니다.

"공부는 안 하고 또 만화책이나 보고 있냐?"

"엄마, 이건 공부에 도움이 되는 학습 만화라니까."

"시끄러워. 만화면 만화지, 공부에 도움이 되는 만화가 어디 있어?"

만화는 오락일 뿐이며 학습에 전혀 도움이 되지 않는다고 믿는 엄마는 만화가 집중력을 높인다든지, 두뇌 발달에 긍정적 영향을 준다든지, 입체적 사고를 가능하게 해준다든지 하는 정보를 접하면 무시하거나 사실이 아닌 왜곡된 정보일 거라고 단정합니다.

"A사에서 디자인을 파격적으로 바꾸고 가격도 인하한 새 제품이 곧 나온다고 합니다."

"신경 쓸 거 없어요. 아무리 그래 봐야 품질은 우리가 최고니까 끄떡없습니다."

"그래도 대책을 세워야 하지 않을까요? A사의 품질도 많이 향상된 것 같습니다."

"아, 글쎄 그게 다 헛소문이라니까. 자기들이 무슨 수로 우리 품질 수준을 따라오나."

삶의 자극제가 되는 발칙한 이솝우화

경쟁업체가 자사 제품에 위협이 될 만한 혁신적인 신제품을 출시한다는 정보를 듣고도 애써 무시하는 사장은 자사 제품의 품질이 업계 최고이며 A사는 절대로 따라올 수 없다고 굳게 믿고 있습니다. 기존의 신념만 가지고 미래까지 예단하는 겁니다. 시장은 그렇게 단순하지 않다는 걸 깨달은 다음 후회해봐야 이미 외눈박이 사슴 신세입니다.

◇ 확증편향에 빠진 사람들

객관적 증거와 과학적 자료를 바탕으로 냉철하게 판단해야 하는 직업을 가진 사람 중에도 경험이나 직관 등에 의존하다가 일을 그르치는 경우가 있습니다.

용의자 가운데 유독 의심이 가는 사람의 정보에만 눈길을 주는 경찰관이 있고, 원고와 피고 중 자신을 향해 좀 더 깍듯하고 애절하게 진술한 사람의 정보를 많이 참작하는 판사가 있습니다.

실제로 법관들을 대상으로 설문조사를 실시한 결과, 판사들의 확증편향이 일반인들보다 더 크게 나타나기도 했습니다. 백지 상태에서 다양한 가능성을 들여다보려 하지 않고 선입관에 의존해 일을 처리하려다 보면 수사나 재판 과정에서 쉽게 확증편향에 빠질 수 있습니다.

확증편향에 빠진 사람들은 위험 경고가 있어도 주목하지 않습니다. 안전하다는 자신의 믿음을 뒷받침해주는 자료나 증거에만 눈길이 가 있기 때문입니다.

시시각각 변하고 언제든 돌발변수가 있을 수 있는 주식시장에서 애널리스트들은 수많은 정보를 모으고 분석합니다. 그러면서 합리적으로 종합해 내려고 하지만, 자신도 모르게 경험과 신념에 사로잡혀 정보를 일정한 방향으로 혹은 의도된 결론을 향해 조작하기도 합니다.

확증편향을 가진 사람 중 일부는 자신의 믿음과 신념에 일치하지 않는 정보를 무시하고 받아들이지 않는 차원을 넘어서서 정보를 자신의 믿음과 신념에 일치하도록 왜곡하고 조작하지만, 인정하려 하지 않습니다. 믿음과 신념이 신앙처럼 굳어진 겁니다.

언론이나 SNS를 통해 한 번 잘못된 기사가 나가면 그 기사를 토대로 평소 좋아하지 않았던 인물이나 제품 또는 사건 등에 확고한 편견을 갖게 됩니다.

이후 해당 보도가 잘못된 것이었다는 게 판명되고 오보에 대한 사과와 정정이 이뤄졌음에도 여전히 잘못된 기사를 사실이라 믿고 신봉하는 사람들이 있습니다. 확고부동한 증언과 명약관화한 증거가 계속해서 제시되더라도 믿지 않습니다.

모든 정보는 확증편향을 뒷받침하기 위한 수단으로 전락합니다. 객관적 사실이 편향된 신념을 이기기 어렵습니다.

가장 심각한 건 정치의 영역입니다. 여당과 야당, 진보정당과 보수정당은 극단적인 전선을 형성합니다. 기본적인 상식과 교양과

예절마저도 저버리기 일쑤입니다. 죽기 아니면 살기로 싸우다 보니 확증편향은 당연한 것처럼 여겨집니다.

우리 편 잘못은 무슨 논리를 대서라도 감싸주고 덮어주며 어쩔 수 없었다고 이해합니다. 반면 상대편 잘못은 사소한 것까지 들춰내 최대한 부풀려 손가락질하고 단죄합니다. 이들에 휘둘려 국민도 두 편으로 나뉩니다. 선거철만 되면 SNS는 전쟁터로 변합니다.

상대방 말은 들으려 하지도 않습니다. 아무리 잘한 게 있어도 돌아오는 건 칭찬이 아니라 음모론이나 비아냥뿐입니다. TV에서 정치인들이 나와 토론하는 걸 보면 상대방을 배려하고 존중하는 태도를 찾아보기 힘듭니다.

◇ 내 눈에 보이는 게 전부가 아니다

왜 사람들은 확증편향에 쉽게 빠지는 걸까요? 공부도 많이 하고, 인생 경험도 풍부하며, 존경받는 위치에 있는 사람들까지 확증편향에 빠져 점점 외눈박이 사슴처럼 변해가는 모습을 보면 대체 왜 저럴까 이해하기 어렵습니다.

사람들이 확증편향에 쉽게 빠지는 건 오랫동안 지녀온 믿음과 신념이 잘못되었다는 걸 인정하기 싫기 때문입니다. 내 생각이 틀렸다는 걸 스스로 시인하기 어려운 겁니다.

체면과 위신을 중시하는 문화 속에선 더욱 그렇습니다. 내 믿음과 신념이 잘못되었다는 걸 인정하는 순간, 모든 게 무너지고 우스운 사람으로 전락한다고 생각하니까 더욱 인정을 못 하는 겁니다.

남은 방법은 자신의 신념과 일치하는 정보는 받아들이고, 신념과 일치하지 않는 정보는 무시하는 태도를 유지하는 것이죠.

그래서 사람들은 끼리끼리 어울리는 걸 좋아합니다. 정치적 성향, 종교, 경제적 수준, 학연 등에서 생각이 비슷한 사람들끼리 만나는 게 편한 거죠. 전혀 다른 생각을 하는 사람들과 만나는 건 불편하게 느낍니다. 한마디로 사람들은 새로운 이야기를 듣기보다 자신의 믿음을 확인받고 싶어 합니다.

세상을 한쪽 눈으로만 바라보는 사람들이 많은 사회나 국가는 어떻게 될까요? 평화와 행복이 넘쳐나기보다 불안과 위험이 넘실대는 스트레스 공동체가 될 게 뻔합니다.

어떻게 하면 확증편향에서 벗어날 수 있을까요? 나는 불완전한 존재라는 걸 인정해야 합니다. 나는 완벽하지 않습니다. 내가 보지 못하는 것, 듣지 못하는 것, 믿지 못하는 것에 진실이 있을 수 있다는 걸 인정하는 겁니다.

따라서 나는 언제든 틀릴 수 있고, 잘못 볼 수 있으며, 잘못 생각할 수 있다는 걸 받아들여야 합니다. 무엇이든 받아들이고 인정할 수 있는 열린 마음을 가진 사람이 되어야 합니다.

객관적 사실과 누구나 인정하는 진실 앞에서 고개 숙이는 건 체면이 깎이는 일도 위신이 떨어지는 일도 우스운 사람으로 전락하는 일도 아닙니다.

삶의 자극제가 되는 발칙한 이솝우화

정말 간단한 일입니다. 그것 때문에 누구도 나를 얕잡아보지 않습니다. 오히려 용기에 박수를 보낼 겁니다.

'그래, 두 눈이 멀쩡할 때도 사냥꾼을 보지 못해 화살에 맞아 한쪽 눈을 잃었는데, 남은 한쪽 눈만 가지고 어떻게 주변 경계를 제대로 할 수 있겠나. 조금씩 먹어 가면서 전후좌우를 철저히 경계하다가 적당히 먹으면 빨리 자리를 뜨는 게 좋겠어. 나를 믿으면 안 돼.'

외눈박이 사슴이 이렇게 생각했더라면 그날의 화를 면할 수 있었을 겁니다.

내 경험과 지식이 많고 믿음과 신념이 확고하다면, 매일 이렇게 되뇌는 건 어떨까요?

'외눈박이 사슴처럼 되지 말자. 내 눈만 가지곤 절대로 모든 걸 볼 수 없어.'

신념과 나는 불완전한 존재라는 걸 인정해야 한다. 나는 완벽하지 않다. 내가 보지 못하는 것, 듣지 못하는 것, 믿지 못하는 것에 진실이 있을 수 있다는 걸 인정하는 것이다. 나는 언제든 틀릴 수 있고, 잘못 볼 수 있으며, 잘못 생각할 수 있다는 걸 받아들여야 한다.

타인을 존중하고 배려하며
깊이 공감하는 태도

물에 비친 자기 모습을 보고 다른 개라고 착각해
입에 문 고깃덩어리를 빼앗으려다
자신의 고깃덩어리마저 잃어버린 어리석은 개의 이야기

—— 고깃덩어리를 입에 문 개 ——

욕심 많은 개 한 마리가 있었습니다. 먹을 게 있으면 재빨리 달려들어 낚아챈 후 멀리 가서 혼자 먹곤 했죠. 아무리 양이 많아도 누군가와 나눠 먹는 일이 없었습니다. 힘세고 성질이 불같아 누가 나무랄 수도 없었습니다. 개는 그렇게 사는 게 전혀 불편하지 않았습니다.

어느 날 잔칫집에 가서 실컷 얻어먹고 고기 한 덩어리를 챙겨 입에 문 채 기분 좋게 길을 걷고 있었습니다. 그러다가 강을 만났습니다. 강을 건너야 집에 다다를 수 있었기에 느긋한 자세로 다리를 건넜습니다. 중간쯤 가다가 무심코 다리 아래를 내려다봤습니다.

삶의 자극제가 되는 발칙한 이솝우화

순간 개는 소스라치게 놀랐습니다. 강물 위로 듬직한 개 한 마리가 커다란 고깃덩어리를 입에 문 채 자신을 노려보고 있었기 때문입니다. 자기 입에 문 고깃덩어리를 노리고 있는 게 분명했습니다.

'약해 보이면 안 돼. 기선을 제압해야 해.'

개는 그 자리에 버티고 서서 다리 아래에 있는 개를 독하게 노려봤습니다. 이제껏 자신의 살벌한 눈총 앞에 고개를 떨구며 꽁무니를 빼지 않은 동물이 없었습니다.

그런데 강물 속의 개는 전혀 그렇지 않았습니다. 자신과 똑같은 자세로 마구 으르렁대는 것이었습니다. 정말 제대로 한판 붙어보자는 태도였습니다. 움찔했지만 이대로 물러설 순 없었습니다.

'이것 봐라? 하는 수 없지. 본때를 보여줄 수밖에….'

개는 강물 속에서 자신을 향해 도전해 오는 개를 제압함과 동시에 그 입에 물고 있는 커다란 고깃덩어리마저 빼앗을 궁리를 했습니다. 오늘은 참 운이 좋은 날이라고 여겼습니다.

"멍멍멍!"

개는 목청껏 큰소리로 짖었습니다. 번득이는 앞니를 훤하게 드러내면서 말이죠. 이런 호전적인 자세에 이제껏 꼬리를 내리지 않은 상대가 없었습니다.

한참 짖어댄 후 이제는 주눅이 들었겠거니 하고 강 아래를 내려다봤습니다. 하지만 강물 속 개는 여전히 꼿꼿한 자세로 자신을 노려보고 있었습니다.

한데 이상했습니다. 강물 속 개가 물고 있던 커다란 고깃덩어리가 없어진 겁니다. 그 큰 고깃덩어리가 어디로 갔는지 보이지 않았습니다. 그런데 더 허전한 건 자신의 입이었습니다. 꽉 물고 있던 고깃덩어리가 온데간데없었습니다.

"멍멍멍!"

아무리 큰소리로 울부짖어도 고깃덩어리는 돌아오지 않았습니다. 자신이 물고 있던 고깃덩어리는 속절없이 강물에 떠내려가버렸고, 강물 속 개가 물고 있던 고깃덩어리는 애초에 존재하지도 않는 것이었으니까요. 허탈해진 개는 다리 위를 이리저리 오갈 뿐이었습니다.

◇ 나르시시즘 또는 자기애의 폐해

안타까운 이야기입니다. 물에 비친 자기 모습을 보고 다른 개라고 착각해 입에 문 고깃덩어리를 빼앗으려다 자신의 고깃덩어리마저 잃어버리는 어리석은 개에 관한 우화입니다.

이 이야기를 읽거나 들으면 누구나 개의 어리석음에 혀를 찹니다. 그리고 과도한 욕심을 경계하죠. 지나친 탐욕에 사로잡히면 갖고 있는 것마저 잃게 된다는 교훈을 되새깁니다.

하지만 현실로 돌아와 나 자신을 돌아보면 어리석은 개처럼 과도한 욕심과 지나친 탐욕에 사로잡힐 때가 얼마나 많은지 모릅니다. 더 좋은 걸 갖고 싶고, 더 나은 걸 얻으려 하며, 남보다 더 많이

가지려는 욕망, 즉 소유욕은 인간의 본능이기도 합니다. 재물이나 명예, 권력에 대한 욕망은 물론 식욕, 성욕 등도 소유욕의 일종입니다.

없어서 소유를 갈망하는 게 아닙니다. 충분히 있지만, 타인이 가진 게 더 좋고 멋지고 탐스러워 보여 그것까지 다 갖고 싶은 욕심을 내는 겁니다. 남의 떡이 더 커 보이는 심리로 개인이 불행에 빠지고, 가정에 불화가 생기며, 사회에 불안이 잉태됩니다. 부족과 부족, 국가와 국가, 민족과 민족 사이에 다툼과 전쟁이 끊이지 않았던 것도 같은 이유 때문입니다.

부모님이 돌아가시면 자식들 간에 유산을 놓고 분쟁이 벌어집니다. 재벌들만 그런 게 아닙니다. 평범한 중산층 가정에서도 빈번히 일어나는 일입니다.

수백억, 수십억 원의 재산 앞에서만 다툼이 일어나지 않습니다. 아파트 한 채, 평소 관심도 없던 맹지 몇백 평, 통장에 든 현금 수천만 원 때문에 형제자매들이 이전투구를 벌입니다. 심지어 장례식장에서 얼굴을 붉히며 먹살잡이를 하는 경우도 있습니다.

내가 조금이라도 더 가지려 하기에 이런 일이 일어납니다. 내가 장남이니까, 내가 모셨으니까, 내가 제일 친하니까, 내가 제일 가난하니까 더 가져야 한다는 겁니다. 이유는 차고 넘치지만, 속내는 욕심뿐입니다.

정신분석학에선 자신에게 지나치게 애착을 갖는 태도를 '나르시

삶의 자극제가 되는 발칙한 이솝우화

시즘(Narcissism)'이라고 합니다. 자신이 리비도(Libido, 인간의 생물학적인 성적 에너지)의 대상이 되는 겁니다. 우리말로 '자기애(自己愛)'라고 번역합니다.

자기의 육체를 두고 이성의 육체를 보듯 하거나 스스로 자신을 애무함으로써 쾌감을 느끼는 걸 말합니다. 거울 앞에 서서 아무리 봐도 아름답다며 자신의 얼굴과 몸매를 황홀하게 쳐다보는 것도 나르시시즘이라고 할 수 있습니다.

그리스 신화에 보면 미소년 나르키소스가 등장합니다. 그는 강의 신 케피소스와 물의 님프 리리오페의 아들로 태어났습니다. 아름다운 소년이 된 그는 워낙 잘생긴 탓에 많은 젊은이의 애간장을 녹였습니다.

그러나 그는 자존심이 강하고 도도해서 누구의 사랑도 허락하지 않았죠. 모두가 갈망했지만, 아무도 그를 차지하지 못합니다. 요정 에코도 그를 사랑했습니다. 하지만 그녀 역시 나르키소스로부터 차디찬 거절을 당합니다.

슬픔에 빠진 에코는 동굴 속에 숨어 울기만 하다가 몸은 사라지고 목소리만 남게 되었죠. 이 소식을 들은 요정들은 복수의 여신 네메시스를 찾아가 나르키소스도 사랑하는 사람에게 거절당하는 고통을 알게 해달라고 애원했습니다.

네메시스는 나르키소스에게 자기 자신만을 사랑하는 벌을 줬습니다. 그는 어느 날 물속에 비친 자기 얼굴을 보고 사랑에 빠져버렸습니다. 끊임없이 사랑을 구했지만, 상대는 묵묵부답이었죠. 지친 그는 점점 야위어가다가 결국은 숨을 거두고 말았습니다.

그가 죽은 자리에 이름 모를 꽃 한 송이가 피어났습니다. 그 꽃이 바로 수선화, 즉 나르시스입니다. 지나친 자기애를 뜻하는 나르시시즘은 여기서 유래했습니다.

정신분석의 창시자인 오스트리아의 생리학자 지그문트 프로이트에 의해 널리 알려진 용어 나르시시즘를 폭넓게 적용해보면, 자신의 외모와 능력 등을 과신해 자기가 뛰어나다고 믿거나 매사를 자기중심적으로만 생각하고 행동하는 것도 포함할 수 있습니다.

나르시시즘에 빠진 사람을 나르시시스트라고 하죠. 자신이 남보다 잘하는 점이 있으면 지나친 과시와 자만에 빠지고, 남보다 뒤처진 점이 있으면 심각한 자기비하에 빠집니다. 타인을 존중하거나 배려하는 마음이 없는 까닭에 협동이나 팀워크에 잘 적응하지 못합니다. 타인은 자신의 우월감을 느끼기 위한 도구일 뿐입니다.

◇ 타인을 존중하고 배려하며 공감하는 것

나르시시즘이 지나쳐 사회생활이나 일상생활에 지장이 초래될 정도면 '자기애성 성격장애(NPD, Narcissistic Personality Disorder)'를 의심해볼 수 있습니다.

자기애성 성격장애는 가정이나 학교나 회사 등에서 자신이 매우 중요한 인물이라 생각하며, 따라서 사람들이 자신을 존경하고 대우해야 한다고 요구하고 자신을 제외한 타인 모두를 낮춰보고 무시함으로써 공감력을 상실하는 등의 행동이 장기간에 걸쳐 나타나는 게 특징입니다.

그들은 권력과 성공 혹은 외모에 대한 집착과 우월감이 상당히 강합니다. 자신은 항상 주인공이고 타인은 자신을 돋보이게 하는 엑스트라라고 여기기 때문에 주변 사람들을 자신의 목적에 맞게 다루거나 이용하려고 합니다. 이런 행동은 유년 초기부터 시작되며 광범위한 상황에 걸쳐 발생하지만 아직 원인은 밝혀지지 않았습니다.

나르시시스트나 자기애성 성격장애에 빠진 사람은 자신의 잘못이나 연약함 혹은 아픔을 인정하지 않습니다. 따라서 제 발로 병원을 찾지도 않습니다. 다른 문제가 있어 병원을 방문했다가 상담하는 중에 증상을 발견하곤 합니다. 원인을 모르니 치료 또한 쉽지 않습니다.

타인을 존중하고 배려하며 내가 아닌 타인과 깊이 공감할 수 있는 정서와 태도는 하루아침에 만들어질 수 없습니다. 인간의 본성이 이기적이긴 하지만, 내 부족한 점을 깨닫고 인정하며 늘 겸손한 자세를 갖추는 건 오랜 훈련과 연단이 필요한 일입니다. 과도한 욕망과 탐심을 내려놓고 현재에 자족할 줄 아는 지혜 역시 쉽게 얻어지지 않습니다.

그러나 나르시시즘이나 자기애성 성격장애를 안고 살아가는 일은 본인뿐만 아니라 주변의 많은 사람을 힘들게 합니다. 모든 게 자기중심적이다 보니 비현실적인 생각에 가득 차 있습니다. 능력과 재물과 권력과 지위에 대한 욕심이 지나칩니다. 아름다움에 집착하고 이상적인 사랑을 꿈꿉니다.

허황된 목표가 간혹 이뤄진다 해도 당연한 것으로 생각하기에 만족하지 못하고 더 큰 목표를 향해 줄달음칩니다. 존경과 관심의 대상이 되고자 끊임없이 애쓰기도 하죠. 친구를 깊이 사귀는 것보다 겉보기에 화려하고 멋있어 보이는 사람들과 어울리는 걸 좋아합니다.

자신에 대해 타인이 충고나 비판을 하면 견디지 못합니다. 결혼 생활에서도 배우자가 자신을 인정하지 않을 때 심각한 다툼이 벌어집니다. 이럴 경우, 불면증과 우울증에 시달리거나 부부 사이에 성 문제로 갈등을 겪을 수도 있습니다.

소탐대실(小貪大失)이라는 옛말이 있습니다. 작은 걸 탐하다가 큰 손실을 당한다는 뜻이죠. 내 재주와 노력과 능력과 분수 이외의 것을 과도하게 욕심내거나 지나치게 추구하다 보면 낭패를 보기 십상입니다. 자족할 줄 아는 게 행복한 인생을 사는 지혜입니다.

삶은 혼자 사는 게 아닙니다. 가족과 이웃과 사회와 더불어 사는 겁니다. 독불장군은 행복할 수 없습니다. 타인을 존중하고 인정해야 나도 존중받고 인정받는 게 세상 이치입니다.

고깃덩어리를 입에 문 개가 다리 위를 지나다가 강물 속에 비친

삶의 자극제가 되는 발칙한 이솝우화

자기 모습을 봤습니다. 잘생긴 개가 커다란 고깃덩어리를 입에 문걸 봤을 때, 다른 개도 충분히 잘생길 수 있고 고깃덩어리를 물고 걸어갈 수 있다는 사실을 인정했더라면 그냥 묵묵히 자기 길을 갔을 겁니다.

그랬더라면 집에 가서 맛있는 식사를 할 수 있었겠죠. 말을 하고 싶었거나 따지고 싶었더라면 다리 위에 고깃덩어리를 내려놓고 짖을 수도 있었을 겁니다. 그랬더라도 자기 고깃덩어리는 지킬 수 있었겠죠.

나르시시스트였던 이 개는 자만에 빠지고 욕심이 지나쳐 온 힘을 다해 강물 속 개를 향해 짖어댔습니다. 그 결과 어렵사리 얻은 커다란 고깃덩어리는 강물 속으로 깊게 깊게 빠져들었습니다. 개의 황당한 표정이 어땠을지 궁금합니다.

삶은 혼자 사는 게 아니다. 가족과 이웃과 사회와 더불어 사는 겁니다. 독불장군은 행복할 수 없다. 타인을 존중하고 인정해야 나도 존중받고 인정받는 게 세상 이치다.

3부 전환점을 마련하고 싶을 때 이솝우화: 성숙

세상 유일무이한
나를 먼저 사랑하기

자신의 환경을 돌아보지 않고 당나귀가 가진 것만 보며 질투한 끝에
죽고 만 염소의 이야기

—— 염소와 당나귀 ——

어떤 사람이 염소와 당나귀를 길렀습니다. 똑같은 짐승이지만, 그는 당나귀를 더 애지중지했습니다. 염소는 해가 저물 때만 우리에 두고 해가 뜨면 들판에 풀어둔 채 나뭇잎과 풀을 알아서 뜯어 먹고 살아가게 했습니다. 당나귀에겐 콩과 배추를 섞어 푹 삶은 맛깔난 채소죽을 먹이는가 하면 달콤하고 아삭아삭한 당근을 먹이로 주기도 했습니다.

주인의 관점에서 보면 다 같은 짐승이 아니었습니다. 젖을 짜 먹을 수도 없는 숫염소는 방목하며 키우다가 나중에 식용으로밖에 쓸 수 없던 반면, 당나귀는 무거운 짐을 나르거나 맷돌을 돌릴 때나 먼 길을 갈 때 아주

요긴하게 쓸 수 있었습니다. 농사일에도 매우 중요한 몫을 담당했죠. 당연히 잘 먹이고 귀하게 대접할 수밖에 없었습니다.

하지만 염소는 주인이 못마땅했고 특별 대우를 받는 당나귀에게 질투심이 일었습니다.

어느 날 당나귀와 함께 있게 된 염소가 조용히 다가가 말했습니다.

"주인님이 왜 너에게만 유독 잘해주는지 아니?"

당나귀는 고개를 절레절레 흔들며 모르겠다고 대답했습니다.

"그건 너를 조금이라도 더 부려 먹으려고 그러는 거야. 잘해주고 많이 먹인 다음 그만큼 고된 일을 시키려는 거지. 네가 하는 일을 생각해 봐. 커다란 맷돌을 돌리거나 사람을 태우고 먼 길을 가거나 무거운 짐을 잔뜩 싣고 나르는 일을 하잖아? 그게 얼마나 뼛골 빠지는 일이냐? 너는 지금 벌을 받는 거야. 나를 봐. 일도 안 하고 얼마나 자유롭게 살고 있냐?"

생각해보니 염소 말이 맞는 것 같았습니다. 당나귀는 갑자기 염소가 부러워졌습니다.

"그러면 어떻게 하는 게 좋을까?"

염소는 당나귀에게 좋은 꾀를 알려줬습니다.

"주인님이 일을 시키면 하는 척하다가 발작을 일으키면서 구덩이로 떨어지는 거야. 많이 다치지 않게 상처만 날 정도면 돼. 그런 다음 편히 누워서 먹고 자고 푹 쉬면 되는 거지."

당나귀는 염소가 알려준 대로 주인이 시킨 일을 하던 중 일부러 구덩이로 굴러떨어졌습니다. 약간 상처만 생길 정도로 다치려 했으나 의외로 큰

부상이 생기고 말았습니다.

깜짝 놀란 주인은 당나귀를 따뜻한 자리가 깔린 외양간에 눕히고는 수의사를 불러왔습니다. 주인의 부탁을 받은 수의사는 당나귀를 정성껏 치료한 뒤 돌아가며 주인에게 말했습니다.

"염소의 허파를 달여 먹이면 당나귀가 더 빨리 나을 수 있을 겁니다."

주인은 즉시 염소를 잡아 허파를 달여 당나귀에게 먹였습니다. 예정보다 일찍 염소를 잡아먹는 게 아쉽긴 했지만, 주인에겐 염소보다 당나귀가 훨씬 더 소중했습니다.

염소는 주인에게 잡혀 허파를 내주기 위해 끌려가면서 슬피 울며 소리쳤습니다.

"질투에 눈이 멀어 내 무덤을 내가 팠구나. 분수에 맞게 살았더라면 좋았을 걸…."

◇ **질투, 질투심, 질투망상**

타인이 나보다 잘되거나 더 나은 상황에 놓이는 것 등을 미워하면서 깎아내리려 하는 걸 '질투(Jealousy)'라고 합니다.

학교 다닐 때 공부를 잘하지 못했던 친구가 나보다 월급을 훨씬 더 많이 받는 좋은 직장에 다닌다든지, 별로 뛰어난 면모가 보이지 않는 입사 동기가 나보다 먼저 진급을 한다든지, 그다지 매력적인 게 없는 듯한 친구가 빼어난 미인을 만나 나보다 먼저 결혼한다는

지 하면 축하하는 마음보다 자신과 비교하면서 속상한 마음이 생기고 급기야 상대방이 얄밉고 미워지기까지 합니다. 바로 '질투심'입니다.

질투심은 특히 남녀관계에서 더 빈번하고 강도 높게 발생합니다. 사랑하는 연인 또는 배우자가 자기 이외에 다른 이성에게 호감을 보이거나 사랑하는 것 같다고 느낄 때 격렬한 감정이 일어납니다. 나 말고 다른 이성에게 눈길을 건네고 마음 주는 걸 참을 수 없는 겁니다.

그래서 질투를 사랑의 한 형태로 보기도 합니다. 사랑하지 않는다면 질투심이 일어날 리 없을 테니까요. 상대방을 좋아하고 사랑하기에 그가 다른 이성을 바라볼 때 질투심을 느끼는 겁니다. 연인이나 배우자가 다른 이성에게 관심을 보이는 데도 아무렇지 않다면 그게 더 이상한 것이겠죠. 모든 남녀관계에서 질투심은 필연적인 감정일 수 있습니다.

정신의학에선 질투가 유아기 때 형성되는 걸로 봅니다. 어렸을 때 혼자 부모의 사랑을 독차지하다가, 갑자기 동생이 태어나 부모의 관심이 동생을 향하면 질투심을 느낍니다. 엄마가 나만 사랑하는 줄 알았는데, 아빠에게 주의를 기울이면서 극진히 시중을 들고 애정 행위를 하는 걸 보면 질투심을 느끼지 않을 수 없습니다.

사람은 살면서 끝없이 자신과 타인을 비교하기에 대인관계에서 수시로 질투심이 형성됩니다. 연애할 땐 물론 결혼하고 나서도 남자와 여자는 서로를 질투합니다. 수십 년 넘게 함께 산 노부부도 예외가 아닙니다.

그러나 질투심이 단순히 부러움 혹은 속상함의 단계를 뛰어넘어 과도한 증오나 적개심으로까지 이어진다면 문제가 아닐 수 없습니다. 정상적인 사회생활이나 가정생활에 지장을 줄 수 있습니다.

심각한 경우, 아무런 근거가 없는데도 불구하고 질투심을 느끼는 '질투망상(Delusion of Jealousy)'에 빠질 수 있습니다. 연인 혹은 배우자가 자신을 배신하고 다른 이성과 성적인 관계나 애정 관계를 지속하고 있다고 믿는 겁니다.

부인 또는 남편이 상대방의 정조를 의심하는 망상성 장애의 하나인 '부정망상(Delusion of Infidelity)'으로 발전할 수도 있습니다. 다른 정신과적인 증세가 없는데도 배우자가 성적으로 부정한 행동을 함으로써 자신이 해를 입고 있다고 느끼는 상태를 말합니다.

◇ 왜 질투를 희망 삼아 살아야 했을까

많은 사람이 좋아하는 기형도 시인은 1989년 스물아홉 꽃다운 나이로 세상을 떠났습니다. 그해 유고 시집 『입속의 검은 잎』이 출간되었죠.

그 시집에 실린 시 중 「질투는 나의 힘」이 있습니다. 다른 시와 마찬가지로 우울한 과거의 체험을 표현했습니다.

그 누구도 나를 두려워하지 않았으니
내 희망의 내용은 질투뿐이었구나.
그리하여 나는 우선 여기에 짧은 글을 남겨둔다.
나의 생은 미친 듯이 사랑을 찾아 헤매었으나
단 한 번도 스스로를 사랑하지 않았노라.

질투의 속성과 한계, 벗어날 수 있는 해법이 다 들어 있습니다.

시인은 불우한 환경에서 성장하며 고생을 많이 했습니다. 건강도 좋지 않았죠. 사랑도 제대로 하지 못했습니다. 두 어깨를 짓누르는 짐은 버거웠지만, 어디에도 기댈 데가 없었습니다.

시 후반부에 이런 심정이 고스란히 담겨 있습니다. 그 누구도 나를 두려워하지 않았다고 합니다. 아무도 시인을 부러워하거나 인정하거나 환대하지 않았다는 겁니다. 보잘 게 없었다는 거죠.

그에게 희망은 질투뿐이었습니다. 자신과 다른 환경의 사람을 부러워하고, 멋지게 사랑하는 사람을 부러워하고, 하고 싶은 걸 마음껏 할 수 있는 사람을 부러워했습니다.

그들에게 질투심을 느꼈죠. 살아가는 이유이기도 했습니다. 극복하기 위해 미친 듯이 사랑을 찾아 헤맸습니다. 하지만 그마저도 되지 않았죠. 사랑을 잃었습니다.

시인은 왜 질투를 희망 삼아 살아야 했을까요? 세상에 부러운 게 참 많고, 사랑을 찾아 끝없이 헤매기도 했지만, 결국은 단 한 번도 자기 자신을 사랑하지 않았기 때문입니다. 나를 사랑하지 않는데, 나에 대해 자신감이 없는데, 질투의 대상을 극복할 의지가 없는데, 어떻게 새로운 희망을 찾을 수 있겠습니까? 어둡고 참담한 비극적 현실만이 계속될 뿐입니다.

◇ 질투가 자양분이 될지 독극물이 될지

질투는 긍정적인 에너지가 될 수 있습니다. 질투를 통해 현실을 직시하고 분발해 원하던 바를 성취할 수도 있고, 서로의 사랑을 확인함으로써 더 좋은 관계로 발전할 수도 있습니다.

그러나 질투라는 부정적인 감정에 침몰해버리면 심각한 상황에 직면할 수 있습니다.

질투는 내가 가진 것에 만족하는 게 아니라 타인이 가진 걸 더 갖고자 욕심을 부리는 데서 시작됩니다. 내게 없는 걸 보곤 낙담하고 원망하는 것이죠.

그렇지만 내가 가진 장점이나 좋은 걸 헤아려보면 남들에겐 부러움의 대상일 수 있습니다. 비록 몇 가지 부족한 점이 있더라도 내게 있는 것 역시 지극히 소중한 것입니다.

질투는 비교에서 옵니다. 자꾸 나와 가족, 친구, 동료, 이웃을 비교합니다. 심지어 연예인이나 스포츠 선수와도 비교합니다. 그렇게 비교하려 들면 한도 끝도 없습니다.

세상에 유일무이한 존재인 나 자신을 먼저 사랑해야 합니다. 내가 나를 지극히 사랑해야 남들도 나를 인정하고 나도 타인을 사랑할 수 있습니다. 내가 나를 사랑하면 자신감이 생깁니다.

남들과 끊임없이 비교하며 질투심의 노예가 되거나 사랑하는 사람을 자꾸만 의심하며 질투의 화신이 되기보다 자기 자신의 성장과 발전을 위한 계획을 세우고 꾸준히 노력하는 게 바람직합니다.

공부도 좋고 운동도 좋고 취미생활도 좋습니다. 나를 성장, 발전시키면서 자긍심을 갖으면 주변에서 나를 보는 시선이 달라집니다. 사랑하는 사람에게 더욱 사랑받게 되는 건 물론이고요.

인정받는 것도 사랑받는 것도 노력이 수반되어야 합니다. 신세 한탄하면서 현실에 머무는 사람을 끝까지 믿고 인정하고 사랑하는 사람은 많지 않습니다.

질투는 나의 힘일까요? 힘이 될 수 있을까요?

질투가 긍정적 에너지가 될지 부정적 에너지가 될지, 내 삶의 자양분이 될지 독극물이 될지는 결국 나에게 달려 있습니다. 질투가 희망의 내용이어선 곤란합니다. 희망의 내용은 사랑, 용기, 격려, 배려, 인정이어야 합니다. 그러면 희망이 행복을 가져다줄 겁니다.

염소는 당나귀처럼 힘들게 일하지 않고 들로 산으로 자유롭게 다니며 마음껏 풀을 뜯어 먹고 살았습니다. 당나귀보다 불행하지 않았습니다.

그런데 염소는 자기가 가진 건 보지 못하고 당나귀가 가진 것만 봤습니다. 좋은 외양간에서 맛있는 먹이를 먹으며 주인의 사랑을 듬뿍 받는 게 한없이 부러웠죠.

그래서 질투심이 생겨났습니다. 얕은꾀를 부려 당나귀와 주인을 골탕 먹이려던 염소는 오히려 자신이 치명적인 화를 당합니다. 자신을 먼저 사랑하고 자신의 환경에 자족하며 살았더라면 얼마든지 피할 수 있던 비극이었습니다.

어쩌면 우리네 인생이 꼭 이 우화 같은지도 모릅니다.

제가 우화 속 염소였다면 당나귀에게 슬며시 다가가 이렇게 말했을 겁니다.

"들판에 가면 맛있는 풀과 나뭇잎들이 참 많아. 내가 그걸 좀 가져다줄 테니 너도 주인님이 주시는 채소죽이나 당근 같은 거 좀 남겨뒀다 줄래? 서로 나눠 먹으면 좋잖아? 어때?"

질투는 긍정적인 에너지가 될 수 있다. 질투를 통해 현실을 직시하고 분발해 원하던 바를 성취할 수도 있고, 서로의 사랑을 확인함으로써 더 좋은 관계로 발전할 수도 있다. 그러나 질투라는 부정적인 감정에 침몰해버리면 심각한 상황에 직면할 수 있다. 질투는 내가 가진 것에 만족하는 게 아니라 타인이 가진 걸 더 갖고자 욕심을 부리는 데서 시작된다. 내게 없는 걸 보고 낙담하고 원망하는 것이다.

삶의 자극제가 되는 발칙한 이솝우화

거짓말이 내 인생을
갉아 먹다가 무너뜨리기 전에

심심한 양치기 소년이 장난삼아 거짓말을 일삼다가
돌이킬 수 없는 큰일에 맞닥뜨리는 이야기

─── 양치기 소년 ───

어느 마을에 양치기 소년이 있었습니다. 그는 마을에서 약간 떨어진 언덕
으로 양 떼를 몰고 가 풀을 먹는 양들을 종일 지켜보다 해가 질 무렵 다시
양 떼를 몰고 내려와 우리 안에 안전하게 가뒀습니다.

　매일 반복하다 보니 하루는 무척 심심해졌습니다. 그래서 장난을 치기
로 했죠. 열심히 일하고 있는 마을 사람들을 상대로 말입니다.

　"늑대다! 늑대가 나타났다! 늑대가 양들을 쫓고 있어요! 도와주세요!"

　소년은 거짓말로 소리쳤습니다. 마을 사람들은 소년의 다급한 외침을
듣곤 하던 일을 팽개친 채 몽둥이와 쇠스랑 등을 들고 늑대를 쫓기 위해

헐레벌떡 달려왔습니다. 그런데 마을 사람들이 언덕에 도착했을 때, 늑대는 없었죠. 소년은 그저 웃기만 했습니다.

"하하하, 장난이었어요. 하도 심심해서 한번 해본 거예요. 늑대는 없어요."

마을 사람들은 화가 났습니다. 어이가 없었죠. 마을 사람들은 소년에게 다신 그러지 말라고 타이른 뒤 언덕을 내려갔습니다. 늑대가 나타나 양떼를 해치지 않은 걸 다행으로 여겼습니다. 며칠이 지난 뒤 소년은 또 심심해졌습니다. 엊그제 했던 거짓말이 자꾸 떠올랐습니다.

"늑대다! 늑대가 나타났다! 이번엔 진짜예요. 제발 도와주세요!"

소년은 다시 한번 거짓말로 외쳤습니다. 마을 사람들은 이번에도 소년의 구호 요청을 듣곤 지난번처럼 몽둥이와 쇠스랑 등을 들고 달려왔습니다. 하지만 이번에도 늑대는 없었습니다. 소년은 재밌다는 표정으로 웃고 있었습니다.

"하하하, 장난이었어요. 죄송해요. 너무 심심해서 그랬어요. 오늘도 늑대는 없어요."

마을 사람들은 단단히 화가 났습니다. 그렇지만 어쩔 도리가 없었습니다. 연거푸 속은 게 분하기만 했죠. 마을 사람들은 소년을 엄중히 나무란 다음 허탈하게 언덕을 내려갔습니다.

소년은 반성하지 않았습니다. 겉으론 사과했지만 속으론 재밌다고 생각했습니다. 그러던 어느 날 소년이 양들을 돌보고 있는데, 갑작스레 늑대가 나타났습니다. 한두 마리가 아니라 한 떼였습니다. 소년은 마을을 향해 뛰어 내려가며 다급하게 소리 질렀습니다.

삶의 자극제가 되는 발칙한 이솝우화

"늑대예요! 늑대라고요! 늑대가 양들을 마구 쫓고 있어요! 제발 좀 도 와주세요! 이번엔 진짜예요, 진짜!"

그러나 마을 사람들은 아무도 오지 않았습니다. 소년의 숨 가쁜 외침을 듣긴 들었죠. 하지만 모두 거짓말일 거라고 생각했습니다. 소년에게 두 번 속았으면 됐지 세 번씩이나 속을 순 없다고 여겼죠. 그 사이 늑대들은 양 떼를 모두 죽이고 먹어 치웠습니다. 소년은 마을 사람들을 속인 걸 깊이 후회했지만, 돌보던 양들을 모두 잃고 난 뒤였습니다.

◇ 거짓말은 하면 할수록 는다

'양치기 소년'으로 잘 알려진 이 이야기의 원래 제목은 '장난삼아 골탕 먹이기를 좋아하던 목자'입니다. 거짓말하면 어떤 결과가 벌 어지는지, 거짓말이 얼마나 큰 피해를 가져다주는지를 일깨우는 이야기입니다.

어른들은 이 이야기를 들려주며 아이들에게 거짓말하면 안 된다 고 가르칩니다. 그러나 정작 거짓말을 많이 하는 건 아이가 아니라 어른입니다.

아이의 거짓말은 혼나지 않기 위해, 맛있는 걸 먹기 위해, 칭찬 받기 위해 하는 사소한 것들이지만 어른의 거짓말은 상대방을 궁 지로 몰아넣기 위해, 좋은 걸 더 얻거나 빼앗기 위해, 자신의 치부 를 덮어버리기 위해 하는 중대한 것들입니다.

아이의 거짓말이 세상을 혼란에 빠뜨리진 않지만, 어른의 거짓말은 세상을 혼돈과 혼탁 속으로 밀어 넣습니다.

거짓말은 나쁜 겁니다. 삼척동자도 아는 사실입니다. 어떤 경우라도 거짓말은 하면 안 됩니다. 물론 피치 못할 거짓말도 있습니다. 아무에게도 해를 끼치지 않는 거짓말입니다. 선의의 거짓말도 있죠. 진실을 알게 되었을 때 오히려 좋지 않은 결과가 나타날 수도 있습니다. 때론 큰 대의를 위해 어쩔 수 없이 해야 하는 거짓말도 있고요.

그러나 대부분의 거짓말은 진실을 은폐하고 유익을 취하고자 악의를 가지고 합니다. 바늘 도둑이 소도둑 되듯 작은 거짓말에 익숙해지면 큰 거짓말도 거리낌 없이 하게 되죠. 악의적인 거짓말이 용인되고 넘쳐나는 사회는 건강한 사회도 정의로운 사회도 될 수 없습니다.

거짓말을 하면 뇌에 어떤 변화가 생길까요? 영국 유니버시티 칼리지 런던 실험심리학과 연구팀이 기능성자기공명영상 장치를 이용해 거짓말할 때 일어나는 뇌의 변화를 관찰했습니다.

그 결과, 실험 참가자들이 거짓말할 때 뇌의 한 영역인 편도체에서 변화가 감지되었습니다. 편도체(Amygdala)는 뇌 측두엽 안쪽에 있는 신경핵의 집합체로서 동기, 학습, 감정과 관련된 정보를 처리하는 데 중요한 역할을 합니다.

실험 참가자들이 거짓말하는 횟수가 늘어날수록 편도체의 활성도가 떨어지는 현상이 나타났습니다. 거짓말을 많이 하면 자신이 진실하지 않다는 사실에 대한 각성효과가 떨어지므로 편도체의 활성화가 줄어드는 겁니다.

거짓말을 막는 제동장치가 기능을 상실함으로써 거짓말하는 게 점점 쉬워진다는 의미입니다. 거짓말은 하면 할수록 는다는 속설이 과학적으로 증명된 것입니다.

거짓말은 처음 할 땐 가슴이 두근거리고 죄책감을 느끼지만, 두 번 세 번 반복하다 보면 아무렇지도 않게 됩니다. 나중엔 무엇이 진실이고 무엇이 거짓인지 본인도 헷갈립니다. 심지어 자신이 한 거짓말을 진실이라고 믿기도 합니다.

◇ 거짓말과 관련된 정신질환들

거짓말을 사실로 믿는 걸 '공상허언증(Pseudologia Fantastica)'이라고 합니다. 사실을 왜곡해 거짓말을 하곤 곧 진실이라고 믿는 증상입니다. 공상허언증이 나타나는 사람들은 주로 타인에게 주목받길 좋아하며 지나치게 높은 이상을 가진 경우가 많습니다.

일반적으로 사람들이 거짓말을 할 때 거짓이라는 걸 인지하고 양심의 가책을 받는 것과 달리 공상허언증이 나타나는 사람들은 양심의 가책을 느끼지 않습니다. 공상허언증은 심리적인 장애이기 때문에 진단이 어렵고, 거짓말 탐지기를 활용해도 신체적 변화가 거의 나타나지 않습니다.

가장 흔히 볼 수 있는 사례가 학력과 직업을 속이는 겁니다. 알려지지 않은 대학을 나왔거나 대학 문턱에도 가본 적 없는 사람이 일류 대학을 나오고 해외 명문대학을 나와 대기업이나 공공기관 등에 다닌다고 거짓말을 하고 다니는 겁니다.

졸업장도 위조하고 명함도 가짜로 만들어 가지고 다닙니다. 관련 지식을 공부해 유식한 척하면서 외모를 화려하게 치장하면 모두 속아 넘어갑니다. 사람들이 자신을 믿어주면서 깍듯하게 대우하는 걸 보면 쾌감을 느낍니다.

그러다가 자신이 정말로 일류 대학이나 해외 명문대학을 나와 대기업 혹은 공공기관에 다니는 엘리트라고 믿습니다. 나중에 거짓말이 들통나더라도 부인합니다. 거짓으로 꾸민 자신이 진짜 자신이라고 확고하게 믿고 있기 때문입니다.

공상허언증이라는 말이 정식 의학용어나 정신질환명은 아닙니다. 정신건강의학과에서 다루는 정식 질환으론 '뮌하우젠증후군(Mьnchausen Syndrome)'이 있습니다. 허위성 장애 또는 인위성 장애라고도 합니다. 앓고 있는 병이 없는데도 아프다고 거짓말을 일삼거나 자해를 해서 타인의 관심을 끌려는 증상입니다.

18세기 독일의 군인이자 관료였던 뮌하우젠 남작은 겪지도 않은 모험을 거짓으로 꾸며 사람들을 속이고 관심을 얻었다고 합니다. 그의 모험담이 선풍적인 인기를 끌자 루돌프 라스페라는 작가가 그의 이야기를 엮어 『허풍선이 뮌하우젠 남작의 놀라운 모험』이라는 책을 출판했죠.

1951년 미국의 정신과 의사인 리처드 애셔가 신체적인 징후나 증상을 의도적으로 만들어 자신에게 관심과 동정을 불러일으키도록 하는 정신적 질환을 소설 주인공 이름을 빗대 뮌하우젠증후군이라고 불렀습니다.

"나는 불치병에 걸린 게 틀림없어. 의사들은 몰라. 나는 오래 살지 못할 거라고."

"왜 아무도 내 병에 관심이 없는 거야. 난 환자라고. 현대의학이 발견하지 못할 뿐이지."

이렇게 말하고 다니는 사람이 있습니다. 아무 증상이 없는데도 병이 있는 것처럼 병원을 찾아다니고 약을 지어 먹고 온갖 민간요법을 찾아 시행하기도 합니다.

자신뿐 아니라 자녀나 주변인 역시 건강한데도 병이 있다고 하면서 병원이나 의사를 찾아가기도 하죠. 의사에게 잘 따지며 의학적 지식을 가지고 토론하려고 하면서 중독성 있는 약물을 요구하기도 합니다.

타인의 관심을 끌려고 일부러 아픈 척하거나 자신의 이야기를 부풀리는 정신장애를 겪는 것입니다. 어린 시절 부모에게 사랑받지 못했거나 심한 박탈감을 경험한 경우가 많습니다. 부모 혹은 타인으로부터 사랑받으려는 욕구가 원인이 되는 것이죠.

'리플리증후군(Ripley Syndrome)'이라는 것도 있습니다. 현실 세계를 부정하고 허구의 세계만을 진실로 믿으며, 상습적으로 거짓된 말과 행동을 일삼는 반사회적 인격 장애를 말합니다.

물론 정식 의학용어나 정신질환명은 아닙니다. 미국 작가 패트리샤 하이스미스가 1955년에 쓴 범죄 소설 『재능 있는 리플리 씨』에서 생겨난 용어입니다.

반항아적 기질의 주인공 리플리는 친구이자 재벌의 아들인 그린리프를 시기해 죽인 뒤에 대담한 거짓말과 행동으로 그의 인생을 가로챕니다. 리플리가 아닌 그린리프의 삶을 대신해서 살아가는 것이죠. 결국 그린리프의 시체가 발견되면서 그의 연극은 비극으로 막을 내립니다.

◇ 현실 속 양치기 소년들

양치기 소년이 우화 속에만 있는 게 아닙니다. 현실 속에 무수한 양치기 소년들이 있습니다.

아침부터 밤중까지 온갖 보이스 피싱 문자와 전화가 수도 없이 걸려 옵니다. 노트북을 켜고 스마트폰만 열면 거짓과 사기가 만연한 뉴스들이 쉴 새 없이 쏟아집니다. 무엇이 참이고 거짓인지를 판단하고 가려내는 일도 쉽지 않습니다.

과연 어떻게 사는 게 현명할까요? 어둠이 빛을 가릴 수 없듯 거짓이 진실을 영원히 이길 순 없습니다. 거짓으로 잠깐 이익을 보고 행복을 얻은 것 같을지 몰라도 결국 거짓으로 이룬 건 무너지게 되어 있습니다.

조금 느린 것 같고, 조금 손해 보는 것 같아도 참과 진실을 추구하며 살면 진정한 평화와 행복을 누릴 수 있을 겁니다.

고대 그리스 철학자 플라톤은 "거짓말은 그 자체가 나쁠 뿐만 아니라 악으로 영혼을 오염시킨다."라고 말했습니다. 19세기 독일 철학자 프리드리히 니체는 "가장 흔한 거짓말은 자신에게 하는 거짓말이다. 타인에게 하는 거짓말은 그에 비하면 약과다."라고 말했습니다.

거짓말은 타인에게 해악을 끼치지만, 그보다 앞서 거짓을 꾸미고 말로 내뱉고 합리화하고자 또 다른 거짓을 꾸미는 나 자신의 정신건강에 치명적인 해악을 끼칩니다. 내 인생을 조금씩 갉아 먹다가 끝내 무너뜨리고 말 것입니다.

거짓말을 막는 제동장치가 기능을 상실해 거짓말하는 게 점점 쉬워진다. 거짓말은 하면 할수록 는다는 속설이 증명된 것이다. 거짓말은 처음 할 땐 가슴이 두근거리고 죄책감을 느끼지만, 두 번 세 번 반복하면 아무렇지도 않아진다. 나중엔 무엇이 진실이고 무엇이 거짓인지 헷갈린다. 심지어 거짓말을 진실이라고 믿기도 한다.

삶의 자극제가 되는 발칙한 이솝우화

승자독식 문화와 약육강식 원리를
순화한다는 것

경쟁에서 이긴 수탉이 위용을 자랑하려다가
독수리의 발톱을 피하지 못한 이야기

── 두 마리의 수탉과 독수리 ──

닭을 많이 키우는 집이 있었습니다. 닭들은 자유롭게 집 안팎을 다니며 벌레도 잡아먹고 시냇물도 마시며 살았습니다. 그중 힘센 수탉 두 마리가 있었습니다. 그들은 어여쁜 암탉들을 독차지하려고 싸웠습니다.

그러다가 하루는 결투가 심하게 벌어졌습니다. 결과는 냉혹했습니다. 피투성이가 된 채 쫓겨난 패자는 멀찍이 도망가서 으슥한 곳에 숨어버렸습니다.

승리한 수탉은 의기양양했습니다. 경쟁자를 물리쳤으니 이제 자신에게 도전할 닭은 한 마리도 없었습니다. 제왕이 된 것이죠. 어여쁜 암탉들은 전부 자기 차지였고, 모든 닭이 자신에게 머리를 조아리며 눈치를 살폈습니다. 기분이 좋아진 수탉은 지붕 위로 올라갔습니다.

"꼬끼오! 꼬끼오!"

수탉은 양쪽 날개를 높이 쳐들고 위용을 자랑하며 한껏 목청을 돋워 소리를 질렀습니다.

바로 그때였습니다. 어디선가 나타난 커다란 독수리 한 마리가 지붕 위에서 요란스레 소리치고 있는 수탉을 날쌔게 채서 날아갔습니다. 수탉은 연신 바둥거렸지만, 독수리의 날카로운 발톱에서 벗어날 수 없었습니다. 몸부림칠수록 깃털만 허공에 흩날릴 뿐이었습니다.

그 광경을 바라보던 패자 수탉이 으슥한 곳에서 벗어나 살던 집으로 돌아왔습니다. 더 이상 패자의 초췌한 모습이 아니었습니다. 그 수탉은 자신에게 모욕을 안긴 경쟁자가 사라진 안전한 곳에서 여유 넘치는 삶을 살 수 있었습니다. 물론 어여쁜 암탉들도 모두 차지할 수 있었습니다.

◇ 승자독식이 가져다주는 폐해

『이솝우화』를 읽다 보면 저절로 혀를 차거나 무릎을 칠 때가 많습니다. 수천 년 전 사람들이 살아가는 모습과 오늘날 현대인들이 살아가는 모습이 어쩌면 그렇게도 비슷한지 깜짝 놀라고 맙니다.

아울러 동물들의 희로애락이나 술수를 쓰고 서로 각축하는 형태 역시 사람들의 그것과 너무나 흡사하다는 생각에 당혹스러움까지 느낍니다. 예나 지금이나, 사람이나 동물이나 집단생활을 하는 생명체가 갖는 공통분모는 크게 다르지 않은 것 같습니다.

그중 하나가 '승자독식(勝者獨食, Winner Takes All)'입니다. 모두가 갖고 싶어 하는 물건이나 대상은 적고 소유하려는 사람은 많다 보니 경쟁이 치열해집니다. 가치 있는 자원이나 수단의 희소성이 클수록 가지려는 욕망의 크기 또한 커집니다.

경쟁이 정정당당하고 아름다운 것만은 아닙니다. 원하는 걸 얻기 위해 수단 방법을 가리지 않고 겨루다 보면 편법이나 반칙이 동원됩니다. 이전투구, 즉 개싸움이 벌어지는 것이죠. 이긴 쪽은 모든 걸 차지하고 승리의 기쁨을 누립니다. 반면 진 쪽은 모든 걸 잃고 패배의 눈물을 흘립니다.

승자가 경쟁 과정에서 저지른 편법과 반칙은 묻히기 일쑤지만, 패자가 저지른 편법과 반칙은 상응한 대가를 치러야 합니다. 이긴 쪽이 모든 걸 다 갖는 승자독식의 원리입니다.

승자독식의 원리가 강하게 작용하는 사회일수록 경쟁은 치열하고 살벌합니다. 더 좋은 것, 더 나은 것, 더 값진 걸 차지하고자 매번 각축해야 하니 인간관계는 메마르고 딱딱해지죠. 성공지상주의가 판을 칩니다. 성공은 곧 선이고, 실패는 곧 악으로 취급됩니다.

경쟁에서 이긴 사람, 성공을 쟁취한 사람은 마냥 기쁘고 행복할까요? 원하는 걸 얻고, 누리고 싶은 걸 누리고 있을 테니 당연히 그럴 거라고 예상합니다.

하지만 그렇지 않은 경우도 많습니다. 승리자의 자리를 차지했음에도 불구하고 우울과 불안에 시달리며 괴로움을 호소하는 사람이 있습니다. 누구나 인정하는 명백한 성공에 대해 어떤 사람은 역설적인 우울 반응을 보일 수 있다는 것이죠.

상상도 하지 못한 성공과 승리가 갑자기 주어졌을 때, 더 많은 책임감이나 의무감 등을 불러일으켜 우울과 불안이 찾아올 수 있는 겁니다.

사회적으로 큰 성취를 맛본 사람들은 흑백논리로 성공과 실패를 구분해 인생의 목표를 성공에 두는 경우가 있습니다. 인생은 성공과 실패 중 하나라고 생각하는 겁니다. 이런 이분법적 강박은 성공에 대한 강한 갈망과 집착을 불러일으킵니다.

이것이 동기가 되어 성공에 이를 순 있지만, 그 후에 찾아오는 공허함과 고독감은 걷잡을 수 없습니다. 성공엔 끝이 없고 만족이 없으며, 작은 성공 앞엔 더 큰 성공이 기다리고 있기 때문입니다.

한순간 성공했더라도 언제까지 이어질지 아무도 모릅니다. 언제든 실패를 맛볼 가능성이 있는 것이죠. 따라서 성공에 대한 극단적인 강박을 가지고 있는 사람은 설령 성공했더라도 언제 다시 실패할지 모른다는 강렬한 두려움에 휩싸입니다.

반대로 경쟁에서 진 사람, 성공을 얻지 못한 사람, 실패의 쓴맛을 본 사람은 어떨까요? 많이 아프고 힘들고 괴롭겠죠. 원하는 걸 얻지 못하고 누리고 싶은 걸 누리지 못하니, 비참하기도 하고 억울

삶의 자극제가 되는 발칙한 이솝우화

하기도 할 겁니다.

역시 우울과 불안이 찾아올 수 있습니다. 깊은 상실감과 비애감을 느낄 수 있겠죠. 열등감에 사로잡힐 수도 있습니다. 누군가와 경쟁하면 항상 자기는 패배하고 실패할 거라는 생각에 지레 주눅이 드는 것이죠.

열등감이 점점 심해지면 타인과 자신을 끝없이 비교하면서 스스로 미워하고 싫어하는 자기혐오 또는 근거도 없이 자기를 계속해서 비하하고 학대하는 자학으로 발전할 수도 있습니다.

물론 패배와 실패를 잘 견디고 극복하며 이를 거울삼아 다시 도전하고 도약하는 긍정적인 경우도 있습니다.

◇ 존중하고 양보하고 절제하고

경쟁이 없는 사회, 승자도 패자도 없는 세상이 있다면 얼마나 좋겠습니까? 모두가 갖고 싶어 하는 물건이나 대상이 넘쳐나고, 소유하려는 마음만 있으면 누구나 가질 수 있다면 경쟁이 필요 없겠죠. 모두가 승자가 되고, 모두가 성공을 맛볼 수 있을 겁니다.

그런데 그런 사회나 세상이 있을까요? 없습니다. 가치 있는 자원이나 수단은 늘 제한적이고, 그걸 차지하려는 인간의 욕망은 언제나 차고 넘칩니다.

좀 더 안락한 삶, 편안하고 행복한 삶에 대한 기대가 커질수록 경쟁은 오히려 더 치열해질 겁니다.

인간의 본성을 생각해 본다면 경쟁 없는 사회나 승자도 패자도 없는 세상이 반드시 좋은 것만은 아닙니다. 인간의 욕망 자체가 사라지지 않는 한 경쟁은 피할 수도 없고 사라지지도 않을 겁니다. 이것이 현실입니다.

우리에게 정말 필요한 건 경쟁을 없애고 성공과 실패를 구분하지 않는 게 아니라 서로를 존중하며 양보하고 절제할 줄 아는 마음을 갖는 것입니다. 치열하게 경쟁하고 성공을 위해 노력하며 실패하지 않으려고 애쓰되, 편법이나 반칙을 쓰지 않고 정정당당하게 겨루는 겁니다.

그런 다음 원하는 걸 얻었을 경우, 승자독식에 취해 다 가지려 하지 말고 적절하게 나누는 것이죠. 패자를 배려하는 겁니다. 승리자의 몫을 함께 나누면 내 것이 줄어들어 손해를 보는 게 아니라 상대방의 마음을 얻음으로써 더 큰 이익을 얻을 수 있습니다.

다 가지려는 마음, 더 가지려는 마음, 나만 가지려는 마음을 절제하고 양보하며 적당한 선에서 자족할 줄 알아야 합니다. 그래야만 승자독식의 폐해가 줄어들 수 있습니다.

경쟁에서 이겼는데, 승리자의 자리에 앉았는데, 성공의 기쁨을 맛봤는데, 욕망을 억제하고 양보하며 절제한다는 건 결코 쉬운 일이 아닙니다.

본능을 억제하고 이성과 지성과 양심의 힘에 의지해 조금만 더 노력한다면 우리 사회의 승자독식 문화가, 이 세상의 약육강식 원리가 약간씩이라도 순화될 수 있을 겁니다.

그리고 이렇게 하는 게 정신건강에도 대단히 유익합니다. 승자 독식 문화와 약육강식 원리에 함몰되어 그게 전부인 것처럼 살다 보면 몸도 마음도 점점 더 지치고 피곤하고 황폐해져 갈 게 뻔하기 때문입니다.

'두 마리의 수탉과 독수리' 이야기는 남의 이야기가 아닙니다. 내 이야기입니다. 내 힘만 믿고 눈에 보이는 걸 독차지하기 위해 싸우다 보면 언젠가는 승자와 패자가 결정됩니다. 승자는 모든 걸 다 가졌으니 세상 부러울 게 없습니다.

그러나 기쁨은 잠깐뿐입니다. 자만과 교만은 화를 부르기 마련 입니다. 독수리는 언제 어디서든 나를 채갈 수 있습니다. 경쟁자가 사라지자 패자였던 수탉이 나타나 그 자리를 대신합니다. 그러나 그도 승자독식의 논리에 취해 살아간다면 곧 화를 당할 게 뻔합니다.

싸우지 않고, 혼자서 독차지하려 욕심부리지 않고, 경쟁해서 이기기 위해 기를 쓰지 않고, 사이 좋게 양보하고 절제하고 배려하며 살았더라면 두 마리의 수탉은 얼마든지 평화롭고 행복하게 잘살 수 있었을 겁니다.

승리한 수탉이 피투성이가 된 채 쫓겨난 수탉을 찾아가 이렇게 말했다면 어땠을까요?

"미안하다. 나도 오기가 생겨서 물불 안 가리고 싸웠어. 하지만 같은 수탉끼리 그럴 필요가 없었는데 말이야. 우리 싸우지 말고 사이좋게 지내자. 많이 아프냐? 치료하러 가자."

그러면 싸움에 진 수탉도 이렇게 말하지 않았을까요?

"아냐. 욕심 부린 건 나도 마찬가지야. 미안하다. 너는 확실히 나보다 힘이 세. 너를 도와서 이곳의 모든 닭이 평화롭고 행복하게 살 수 있도록 노력할게. 손 내밀어줘서 고마워."

이렇게 양보하고 절제하는 모습을 보였더라면 결말은 어떻게 되었을까요? 아마 독수리가 등장하는 일은 없었겠죠? 독수리는 자만과 교만에 빠진 사람에게만 나타날지도 모릅니다.

정말 필요한 건 경쟁을 없애고 성공과 실패를 구분하지 않는 게 아니라 서로를 존중하면서 양보하고 절제할 줄 아는 마음을 갖는 것이다. 치열하게 경쟁하고 성공을 위해 노력하며 실패하지 않으려고 애쓰되, 편법이나 반칙을 쓰지 않고 정정당당하게 겨루는 것이다.

긍정적인 힘에
더 집중하게 하는 칭찬의 힘

나무 위에서 먹이를 가지고 있던 까마귀가
여우의 감언이설에 넘어가 먹이를 떨어뜨려버린 이야기

—— 까마귀와 여우 ——

까마귀 한 마리가 먹을 걸 찾아 날아다니다가 커다란 고기 한 점을 발견했습니다. 주위에 아무도 없었습니다. 쏜살같이 낚아채 안전한 나뭇가지에 내려앉았습니다. 정말 운이 좋은 날이었습니다. 신선한 고기 향이 코를 자극했습니다. 오랜만에 포식을 하게 되었습니다.

때마침 지나가던 여우가 이 광경을 봤습니다. 나무 위에서 까마귀가 막 고기를 먹으려던 찰나였습니다. 고기가 먹고 싶어진 여우는 고개를 쳐들고서 까마귀를 향해 소리쳤습니다.

"거기 까마귀로군. 자네 풍모는 언제 봐도 멋있어. 특히 그 까만 깃털은 정말 우아해."

까마귀는 나무 아래를 내려다봤습니다. 여우의 갑작스러운 칭찬이 듣기 싫지 않았습니다.

"겉모습만 봐선 위풍당당한 자네가 새들의 왕이 되어도 전혀 손색이 없다고 생각해."

여우는 숲속의 다른 동물들이 다 들을 수 있게끔 큰소리로 까마귀를 칭찬했습니다. 까마귀는 우쭐해졌습니다. 그러면서 속으로 생각했습니다.

'이제야 내 진가를 제대로 알아봐 주는군. 새들이 나를 왕으로 추대해도 이상할 게 없지.'

여우는 잔뜩 기분이 좋아진 까마귀를 향해 말했습니다.

"그런데 말이야. 자네가 목소리까지 좋다면 금상첨화일 것 같아. 아름다운 풍채에 고운 목소리까지 갖췄다면 새들의 왕으로 충분하니까. 어디 노래 한번 들려주지 않겠나?"

여우의 말을 들은 까마귀는 한껏 목청을 가다듬고선 노래를 부르기 시작했습니다.

"깍~ 까아악~ 깍~"

순간 입에 물고 있던 커다란 고기 한 점이 나무 아래로 떨어져버렸습니다.

여우는 얼른 고기를 낚아챈 후 자리를 뜨면서 까마귀에게 말했습니다.

"아깝다. 네가 조금만 더 현명했더라면 새들의 왕이 될 수도 있었을 텐데 말이야…"

◇ 칭찬은 놀라운 능력을 발휘하게 한다

누구나 인정받고 칭찬받는 걸 좋아합니다. 욕 먹고 비난받는 걸 좋아하는 사람은 없습니다. 가정에서, 학교에서, 직장에서 인정받고 칭찬받기 위해 열심히 일하고 공부하고 땀 흘립니다.

세계적인 경영 컨설턴트 켄 블랜차드의 책『칭찬은 고래도 춤추게 한다(원제: Whale Done!: The Power of Positive Relationships)』가 전 세계에 걸쳐 그토록 많이 팔린 이유도 칭찬이 가져다주는 긍정의 에너지에 많은 사람이 공감했기 때문입니다.

이 책은 '샴'이라는 이름을 가진 범고래의 현란한 공연을 본 저자가 거대한 포식자인 범고래가 어떻게 저리도 멋진 공연을 할 수 있을까 하고 의문을 품으면서 시작합니다.

조련사와의 대화를 통해 저자는 그 비밀이 칭찬에 있다는 걸 발견합니다. 몸무게가 3톤이 넘는 범고래가 관중들 앞에서 기막힌 쇼를 과감하게 펼쳐 보일 수 있었던 건 고래를 대하는 조련사의 긍정적인 태도와 칭찬 덕분이었습니다.

여기서 힌트를 얻은 저자는 칭찬이 가져다주는 변화와 인간관계 그리고 동기부여를 깊이 연구한 끝에 이 책을 썼습니다. 그가 말하는 칭찬의 힘이란 칭찬이 긍정적인 힘에 더욱 집중할 수 있게 한다는 것입니다.

잘못한 것에 집중해 강조할수록 더 잘못하게 될 가능성이 커지지만, 잘하는 것에 집중해 적절한 칭찬을 하면 갈수록 더 많은 능력을 발휘할 수 있습니다.

칭찬을 받으면 왜 기분이 좋아지고 능력 이상의 힘을 발휘하게 되는 걸까요? 인간의 뇌에 있는 '보상체계(Brain Reward System)' 때문입니다.

음식을 먹거나 물을 마시거나 즐거운 행위를 하면 쾌감을 느낄 수 있도록 자연 보상이 이뤄집니다. 생존에 필요한 이런 감정은 보상 효과와 연결되어 행동을 반복하도록 동기부여를 합니다.

보상체계의 주요 부위는 쾌락의 중추라고 불리는 '복측피개영역(VTA, Ventral Tegmental Area)'과 '중격측좌핵(NAc, Nnucleus Accumbens)' 그리고 '전전두엽(Prefrontal Cortex) 피질'입니다.

복측피개영역의 뉴런에 있는 신경전달물질인 도파민이 중격측좌핵과 전전두엽 피질로 분비되는 것이죠. 자연 보상뿐 아니라 인위적인 자극에 의해서도 도파민이 분비되어 기쁨과 쾌감을 맛보게 합니다.

이처럼 보상을 느끼도록 분비되는 물질이 도파민입니다.

칭찬 역시 보상체계를 움직이는 자극입니다. 뇌영상기법을 통해 칭찬이 뇌에 미치는 효과를 탐구한 결과, 칭찬은 그 어떤 것보다 강력하게 우리 뇌의 보상체계를 자극하는 기쁨이라는 사실을 확인했습니다. 누군가에게 칭찬을 들으면 인간의 뇌에선 도파민을 마구 분비하며 쾌락을 유도합니다.

사람들은 즐거움을 더 많이 누리고자 열심히 노력하는 것이죠.

보상은 범고래뿐 아니라 인간도 놀라운 능력을 발휘하게 합니다. 좋은 결과를 통해서도 칭찬을 받지만, 그 과정에서 적절한 칭찬을 받으면 보상 효과에 의해 능력을 충분히 발휘하는 것이죠.

만약 실패했더라도 도전하는 과정에서 노력과 열정을 다 쏟았다면 마땅히 칭찬받아야 합니다. 그게 살맛 나게 하는 보상입니다.

심리학 용어 중 '피그말리온 효과(Pygmalion Effect)'라는 게 있습니다. 믿음이나 기대 또는 예측이 실제 그대로 일어나는 경향을 가리킵니다.

그리스 신화에 나오는 조각가 피그말리온의 이름에서 유래했습니다. 피그말리온이 아름다운 여인상을 조각한 다음 진심으로 사랑하자 여신 아프로디테가 감동해 여인상에 생명을 부여함으로써 사람이 되었다는 신화에서 비롯되었습니다.

간절히 바라면 결국 소망이 이뤄진다는 상징적 의미를 담고 있습니다. 칭찬은 피그말리온 효과를 불러일으킵니다. 칭찬받는 사람은 인정받고 있다는 좋은 감정을 갖고, 자아존중감이 높아지면서 활동 의욕을 불러일으킵니다. 칭찬받은 대로 행동하려는 심리가 발동하는 것입니다.

따라서 기대에 부응하는 행위를 하게 되므로 그에 걸맞은 좋은 결과가 나타납니다.

◇ 칭찬이 가져올 수 있는 부정적인 결과

칭찬이 긍정적인 효과만 가져다주는 건 아닙니다. 부정적인 결과를 가져오기도 합니다. 이른바 칭찬의 역효과입니다. 칭찬을 들으면 더 잘해야 하는데, 그렇지 않은 겁니다.

"와, 이번에 95점 받았다면서? 정말 잘했다. 대단해. 다음엔 100점 받겠구나?"

"피아노 경연에서 장려상 받았다고? 멋지다. 더 열심히 해서 금상 한번 받아야지?"

"김 과장, 진급 축하해. 역시 능력자야. 동기 중 진급이 가장 빠르다며? 곧 차장 되겠네?"

살면서 흔히 주고받는 칭찬입니다. 그러나 이런 류의 칭찬을 받으면 기분이 좋으면서도 상당히 부담스럽습니다. 나타난 결과와 성과만 가지고 하는 칭찬이라서 그렇습니다.

결과와 성과가 좋지 않으면 칭찬은 언제든 비난으로 바뀔 수 있습니다. 지금보다 잘해야만 한다는 압박감, 최소한 현재 수준의 결과와 성과를 늘 유지해야 한다는 부담감이 생기는 칭찬입니다. 차라리 칭찬을 받지 않는 게 홀가분하다고 느낄 수 있습니다.

이런 류의 칭찬을 많이 받으면 자신의 행동에 대한 사람들의 평가를 자꾸만 의식해 불안해집니다. '다음 번 결과가 좋지 않으면 어떻게 하지?', '목표한 만큼 성과가 나타나지 않으면 어쩌지?' 하고 초조한 마음이 생깁니다.

3부 전환점을 마련하고 싶을 때 이솝우화: 성숙

편안한 마음으로 공부하거나 일하기가 어려워지는 거죠. 그러다 보면 하는 일에 흥미와 열의가 떨어집니다. 처음엔 칭찬받는 게 즐겁고 칭찬받기 위해 더 열심히 하다가 나중엔 부담감과 압박감으로 열정이 식어버립니다.

칭찬은 강력한 동기부여 요인입니다. 하지만 밖으로부터의 동기부여가 지나칠 경우, 안으로부터의 동기부여가 약해질 수 있습니다. 동기는 두 가지가 있습니다. 외부에서 주어지는 '외적 동기(Extrinsic Motivation)'와 내면에서 생겨나는 '내적 동기(Intrinsic Motivation)'입니다.

범고래가 관객을 위해 열심히 공연하는 이유는 조련사가 주는 먹이 때문이고, 직장인이 회사에서 땀 흘려 일하는 이유는 회사가 주는 월급 때문입니다. 먹이나 월급은 범고래가 춤을 추는 동기이고 직장인이 회사에서 일하는 동기입니다. 외적 동기입니다.

반면 산악인이 위험을 무릅쓰고 험한 산을 오르는 이유는 자기만족과 성취감 때문이고, 아이들이 날이 저물도록 놀이터에서 뛰어노는 건 즐거움과 행복감 때문입니다. 자기만족과 성취감은 산악인이 험한 산을 오르는 동기이고, 즐거움과 행복감은 아이들이 신나게 뛰어노는 동기입니다. 내적 동기입니다.

이 두 가지 동기는 서로 영향을 주고받을 수 있습니다. 칭찬 같은 외적 동기가 강해지면 스스로 하고 싶은 내적 동기가 약해질 수 있는 겁니다.

삶의 자극제가 되는 발칙한 이솝우화

◇ 독이 될 수 있는 과도한 칭찬

칭찬의 부정적인 효과가 또 있습니다. 필요 이상의 칭찬을 자꾸 받다 보면 자만에 빠질 수 있습니다. 과도한 칭찬은 독이 될 수 있는 겁니다.

주변에서 계속 추켜세우고 칭찬하는 횟수가 많아질수록 자만에 빠지지 않게 조심해야 합니다. 늘 자신을 경계하고 처신을 신중히 해야 하는 것이죠.

칭찬받는 일이 습관이 되어 우쭐해지고 자신을 향한 칭찬이 당연하다고 여겨져 무감각해지면 교만한 태도가 몸에 밸 수 있습니다. 한순간 건방지고, 오만하고, 안하무인이라는 비난을 받게 될지도 모릅니다.

칭찬을 많이 받더라도 항상 겸손한 태도를 유지하는 것, 외적 동기가 강해지더라도 내적 동기를 잃지 않는 것은 정말 어려운 일입니다.

만약 칭찬받을 만한 일이 아닌데 누군가 자꾸 나를 칭찬하고 거북할 정도로 과분한 찬사를 늘어놓는다면, 그 진의를 의심해보는 게 좋습니다. 아첨이나 아부일 수 있기 때문입니다.

칭찬은 상대방의 좋은 점이나 착하고 훌륭한 일을 높이 평가하는 겁니다. 마땅히 그럴 만한 일을 객관적으로 인정하는 것이죠.

아첨은 남의 환심을 사거나 잘 보이려고 알랑거리는 것입니다. 아부도 남의 비위를 맞춰 알랑거리는 것이고요. 목적을 가지고 객관적이지 않은 태도로 상대방을 과하게 추켜세우는 겁니다.

여기서 목적이란 드러내지 않은 자기만의 이익입니다. 자기 이익을 얻고자 아첨하고 아부해 환심을 사거나 비위를 맞춤으로써 객관적이지도 않은 사실을 부풀려 지나치게 칭찬을 늘어놓는 건 지극히 경계해야 합니다. 칭찬으로 여겨 끌려가면 결국 낭패를 보게 됩니다.

까마귀는 풍모가 멋있지도 깃털이 우아하지도 않습니다. 그런 칭찬을 여러 번 들었다면 모르겠지만, 아마도 그날 여우에게 처음 들었을 겁니다. 게다가 이전에는 여우가 자신에게 그런 칭찬을 한 번도 한 적이 없습니다. 누가 봐도 아첨이나 아부가 뻔합니다.

그런데 까마귀는 여우의 아첨과 아부에 귀가 솔깃했습니다. 여우의 음흉한 계략을 눈치채지 못한 것이죠. 숲속의 어느 새도 까마귀가 자신들의 왕이 되어도 전혀 손색이 없다는 여우의 말에 동의하지 않을 겁니다.

유독 까마귀만 여우의 사탕발림에 넘어갔습니다. 칭찬에 눈이 먼 까마귀는 이성을 상실한 채 교만과 자만의 늪 속으로 점점 더 깊이 빠져들었습니다. 그 결과 입에 물고 있던 커다란 고기 한 점을 여우에게 고스란히 상납하고 말았습니다.

여우의 칭찬을 들었을 때 까마귀가 현실을 직시하고 이렇게 대답했더라면 어땠을까요?

"여우야, 칭찬 고마워. 나머지 이야기는 고기 다 먹고 나서 하는

삶의 자극제가 되는 발칙한 이솝우화

게 좋겠어. 안녕!"

그런 다음 다른 나무로 날아가 오붓하게 식사를 즐겼다면 정말 행복한 하루였을 겁니다.

간교한 여우를 골탕 먹이기 위해선 이런 방법도 있겠네요.

"새들의 왕은 필요 없어. 그냥 이 고기를 먹을 수 있으면 돼. 어떻게 먹는지 지켜봐 줘."

그러면서 여우가 목 빠지게 올려다본 채 침 흘리는 걸 즐기며 그 자리에서 고기를 맛있게 먹어 치우는 겁니다. 여우는 속에서 열불이 나 팔짝팔짝 뛸지도 모르겠습니다.

뇌영상기법으로 칭찬이 뇌에 미치는 효과를 탐구한 결과, 칭찬은 그 어떤 것보다 강력하게 뇌의 보상체계를 자극하는 기쁨이라는 사실을 확인했다. 누군가에게 칭찬을 들으면 인간의 뇌에선 도파민을 마구 분비하며 쾌락을 유도한다. 사람들은 즐거움을 더 많이 누리고자 열심히 노력하는 것이다.

보고 싶은 것만 보고
듣고 싶은 것만 듣지 않으려면

자기기만에 빠진 사슴이 여우의 꼬득임에 넘어가
두 번이나 늙고 병든 사자를 찾았다가 잡아먹힌다는 이야기

── 사자와 여우와 사슴 ──

늙고 병든 사자가 굴 속에 누워 있었습니다. 젊었을 때의 용맹스러운 위
용은 찾아볼 수 없었습니다. 평소 친하게 지낸 늙은 여우 한 마리가 병문
안을 왔습니다. 사자가 말했습니다.

"커다란 사슴의 싱싱한 내장과 심장이 먹고 싶어. 그걸 먹으면 건강을
회복할 수 있을 것 같아. 내가 사냥을 할 수 없으니 네가 사슴을 잘 꼬드
겨서 굴속으로 데려와 줘. 부탁한다."

여우는 사자의 부탁을 들어주겠다고 했습니다. 친한 사자가 건재한 건
자기에게도 도움이 되니까요. 숲속을 돌아다니다가 멋지게 생긴 사슴을

발견하곤 조심스레 다가갔습니다.

"좋은 소식이 있어. 내가 사자의 친구인 건 알지? 그런데 사자가 병이 들어 곧 죽을 것 같아. 그래서 후계자를 세우려 해. 사자의 뒤를 이을 숲속의 왕 말이야. 누가 적합할까? 멧돼지? 곰? 표범? 늑대? 아니야. 잘생긴 외모에 뿔이 우아한 사슴이 제격이라고 생각해. 사자도 내 말에 동의했어. 그러니 지금 나랑 같이 사자에게 가서 임종을 지키는 게 어때?"

여우의 말에 솔깃해진 사슴은 왕이 될 부푼 꿈을 꾸며 여우를 따라갔습니다. 굴속으로 들어가자 사자가 누워 있었죠.

자신을 왕으로 삼는다는 말을 듣기 위해 다가간 순간, 사자는 사슴을 덮쳤습니다. 그러나 늙고 병든 사자의 어설픈 공격에 사슴은 귀만 찢어진 채 도망갈 수 있었습니다.

다 된 밥에 코를 빠뜨린 사자는 아쉬움을 달래며 여우에게 한 번 더 사슴을 데려와 달라고 부탁했습니다. 어려운 일이었지만, 여우는 사자의 간곡한 부탁을 거절할 수 없었습니다.

여우는 수소문 끝에 귀가 찢어져 피를 흘리고 있는 사슴을 찾아갔습니다. 사슴은 여우를 보자마자 욕을 퍼부으며 꺼지라고 소리쳤습니다. 하지만 여우는 침착하게 사슴을 달랬습니다.

"너는 수려한 외모와 달리 겁이 많고 마음이 약한 게 탈이야. 사자가 임종을 앞두고 너를 왕으로 삼은 뒤 왕의 위엄을 갖추려면 어떻게 해야 하는지 상세히 조언해주기 위해 귓속말을 하려던 것인데, 지레 겁을 먹은 네가 발버둥질하는 바람에 귀가 찢어진 것 아냐? 그러다 사자가 왕의 자리를 다른 동물에게 넘기면 어쩌려고 그래? 다시 가서 사자에게 정중히 사과해. 무서워하지 말고. 왕이 될 기회는 이번 한 번뿐이야. 자, 마음 다 잡고 어서 가자고."

듣고 보니 여우의 말에 일리가 있었습니다. 사슴은 이번에도 여우를 따라나섰습니다.

굴속으로 들어간 사슴은 단단히 준비하고 있던 사자에게 꼼짝없이 당하고 말았습니다. 사자의 밥이 된 것이죠. 사자는 사슴의 싱싱한 골수와 내장을 순식간에 먹어 치웠습니다.

그러다 심장이 몸 밖으로 튕겨 나와 바닥에 떨어졌습니다. 여우는 재빨리 사슴 심장을 낚아채 먹어버렸습니다. 오랫동안 참아왔던 식욕을 마음 껏 채운 사자가 여우를 쳐다보며 말했습니다.

"정말 잘 먹었다. 그런데 이 사슴은 왜 심장이 없는 거지? 아무리 찾아도 없단 말이야."

사자의 포식을 지켜보던 여우가 능청스레 대답했습니다.

"찾지 마세요. 분명히 없을 거예요. 아무리 간이 배 밖으로 나왔어도 그렇지, 한 번 죽었다가 살아놓고서 또다시 제 발로 사자 굴에 찾아온 녀석에게 심장이 있을 리가 없지요."

◇ 재물보다 명예를 갈망하는 이유

불교에선 인간의 다섯 가지 근본적인 욕망을 '오욕(五欲)'으로 설명합니다.

더 많은 돈을 소유하고 싶은 '재욕(財欲)', 이성에 대한 성적 욕망인 '색욕(色慾)', 맛있고 화려한 음식을 탐하는 '식욕(食慾)', 피곤하면 자고 싶은 '수면욕(睡眠欲)', 남들보다 높고 영향력 있는 자리에 올라가고자 하는 '명예욕(名譽欲)'이 그것입니다.

인간의 욕망은 끝이 없지만, 나이가 들고 연륜이 쌓이면 과도한 욕망을 하나씩 내려놓거나 접는 게 인지상정입니다. 젊었을 때 왕성하던 색욕, 식욕, 수면욕이 늙어 가면서 점점 줄어드는 건 자연스럽습니다.

반면 재물에 대한 욕망과 명예에 대한 욕망은 세월이 흘러도 좀처럼 없어지거나 감소하지 않습니다. 소유의 허망함을 깨달은 사람이라도 국가와 사회 혹은 지인과 가족에게 훌륭한 사람, 멋있는 사람, 좋은 사람으로 인식되고 싶은 바람은 끝까지 떨쳐버리기 어렵습니다.

'명예(名譽, Honor)'란 세상에서 훌륭하다고 인정되는 이름이나 자랑 또는 존엄이나 품위를 가리킵니다. 현학적으로 정의하자면 도덕적 혹은 인격적 존엄에 대한 자각 및 타인의 그것에 대한 승인이나 존경, 칭찬을 의미합니다.

명예를 가진 사람은 큰 자부심을 느끼기 마련이고, 명예를 갖지 못한 사람은 명예를 가진 사람을 존경하고 부러워하기 마련입니다. 그래서 많은 이가 명예를 얻고자 열심히 노력합니다. 어떤 의미에서 명예에의 욕망은 재물에의 욕망보다 더 강할 수 있습니다.

돈은 노력하면 벌 수 있지만, 명예는 노력한다고 얻을 수 있는 게 아닙니다. 내가 번 돈은 자식에게 상속해 대물림할 수 있으나 내가 가진 명예는 자식에게 물려줄 수 없습니다. 자신의 명예는 자신이 성취하는 것이고 오직 자신만이 누릴 수 있습니다. 그만큼 더 가치 있는 거라고 할 수 있죠.

"호랑이는 죽어서 가죽을 남기고 사람은 죽어서 이름을 남긴다."

한국인이 명예를 얼마나 소중히 생각하는지 이 속담에 잘 나타나 있습니다. 자수성가해서 부자가 된 사람이라는 칭찬도 좋지만, 주경야독으로 유명 대학 교수가 된 학자라는 칭송이 더 깊은 울림과 여운을 남기는 건 이런 까닭입니다.

부자는 사업에 실패하면 모든 걸 잃습니다. 부자라는 지위도 없어지죠. 하지만 국회의원은 딱 한 차례만 했어도 언제나 의원님으로 불립니다. 장관은 며칠만 하고 그만둬도 평생 장관님 호칭이 따라다닙니다. 은퇴한 교수에게도 늘 교수님이라고 부르죠. 그 자리를 명예롭게 여기기 때문입니다.

학생들이 학교에서 열심히 공부하는 이유도, 직장인들이 회사에서 땀 흘려 일하는 이유도, 원하는 지위에 올라 부자가 되려는 목적보다 명예를 얻으려는 경우가 더 많습니다.

◇ 명예를 위해 자기 자신을 속이는 짓

명예는 자발적 노력과 헌신에 대한 보상으로 외부에서 자연스럽게 주어지는 것이지 불법과 편법 또는 비정상적인 방법으로 부자연스럽게 얻어내는 게 아닙니다.

그렇게 명예를 얻으려다가는 원치 않는 불명예를 얻을 수 있습니다. 명예에 지나치게 집착하다 보면 자기기만에 빠질 수도 있습니다. 명예를 얻기 위해, 명예를 지키기 위해 자기 자신을 속이는 겁니다.

'자기기만(Self Deception)'은 사실과 다르거나 진실이 아닌 걸 방어기제를 통해 합리화하면서 사실로 받아들이고 정당화하는 현상을 가리키는 정신의학 용어입니다. 전혀 사실이 아닌데도 자기에게 유리하거나 자기 마음에 들기 때문에 사실로 받아들이고 진실인 것처럼 믿는 것이죠.

보고 싶은 것만 보고 듣고 싶은 것만 들으면서 확신하는 사람에겐 아무리 명확한 증거를 들이대도 오류를 인정하거나 받아들이지 않습니다.

2000년에 캐나다 맥길 의과대학의 정신과학 교수 애슐리 와자나는 흥미로운 설문 조사를 했습니다.

의대생들에게 정치인이 로비스트로부터 뇌물을 받는 것에 대해 어떻게 생각하느냐고 물었습니다. 당연히 85% 이상의 학생들이 부적절한 일이라고 응답했습니다.

같은 의대생들에게 이번엔 의사가 제약회사로부터 향응을 대접받는 것에 대해서는 어떻게 생각하느냐고 물었습니다. 어떤 응답이 나왔을까요? 놀랍게도 46%의 학생들만이 부적절한 일이라고 응답했습니다.

나와 상관없는 사람의 일에 대해선 객관적으로 도덕적 잣대를 들이대면서도 관련된 일에 대해선 똑같은 도덕적 잣대를 들이대지 않았습니다.

그러면 안 되지만 어쩔 수 없는 상황도 있을 거라는 식으로 방어기제를 통해 자기기만에 빠지는 것이죠. 자신의 명예가 걸린 일에 대해선 철저하게 방어벽을 치는 것입니다.

자기기만은 일상생활 속에서 흔히 경험하는 마음 상태입니다. 사람들은 자기 자신과 관련된 문제에 대해선 이성적으로 사고하지 못하고 자신을 과신하거나 합리화합니다. 객관적이고 이성적으로 판단할 수 있는 능력이 있으면서도 그렇게 하지 않는 것이죠.

번듯한 직업도 있고 어느 정도 재산도 모았으면 이제 명예를 얻고 싶은 마음이 생깁니다. 회장, 대표, 총재 같은 그럴싸한 자리에 앉고 싶어집니다.

남에게 존경받을 만한 일을 한 적도 없고 타인을 위해 이타적 삶을 산 적도 없는 사람이 존경받고 싶은 허영심과 훌륭하게 보이려는 공명심이 생기면, 자기 마음이나 삶과는 다르게 보이려 애쓰고 자신이 명예를 얻을 만한 사람이라고 믿음으로써 자기기만에 빠지는 겁니다.

'희명자필다원(喜名者必多怨)'이라는 고사성어가 있습니다. 명예욕이 너무 많은 사람은 남의 원망을 많이 산다는 뜻입니다. 나라를 위해 헌신하고, 이웃을 위해 봉사하고, 타인을 위해 이타적인 삶을 살지도 않은 사람이 분수에 넘치게 명예를 탐할 때 무리한 방법을 사용합니다. 이에 따라 많은 사람이 힘들어집니다.

사회에서 인정받고 사람들에게 존경받고 타인에게 추앙받아 자연스레 명예로운 사람이 된 게 아니라, 아무도 인정하지 않고 존경하지 않고 추앙하지도 않는데 스스로 명예를 얻고자 욕심을 부리면 도리어 많은 사람의 손가락질을 받습니다. 명예에는 그만한 품격이 따라야 하는 겁니다.

◇ 생각이 없으면 죽은 것과 다름없다

'사자와 여우와 사슴' 우화에서 사슴은 자기기만에 빠져 있습니다. 객관적으로 동물의 왕인 사자를 대신해 왕이 될 동물이 사슴이라고 생각하는 동물은 없을 겁니다. 그런데 사슴은 여우의 말을 듣고 그럴듯하다고 여겼습니다. 아무 생각이 없었던 거죠. 명예욕에 빠져 자신이 그럴 만한 동물이라고 믿은 겁니다.

그래서 바보처럼 거침없이 사자 굴에 들어갔습니다. 하지만 구사일생으로 살아서 사자 굴을 나왔습니다. 그러면 자기기만에서 깨어났어야 했습니다. 그러나 여우의 감언이설에 또 속아 넘어갔습니다. 명예욕에 눈이 멀어 자기기만에서 빠져나오지 못한 것이죠.

다시 한번 사자 굴을 찾아 들어가는 어리석은 일을 저질렀습니다. 이번엔 살아서 사자 굴을 나올 수 없었습니다. 아무 생각 없는 사슴은 심장이 없는 동물이나 마찬가지였습니다. 사자는 심장을 찾았지만, 그 심장은 여우의 몫이었습니다.

그리스어로 '심장'을 뜻하는 단어인 '카르디아'에는 '생각', '사고'라는 뜻도 있습니다. 명예욕에 눈이 멀어 두 번이나 속아 사자 굴을 찾아간 어리석은 사슴에겐 '생각'이란 게 없을 테니 '심장' 또한 없을 거라는 이야기입니다. 심장은 생명의 상징입니다. 심장이 뛰어야 살아 있는 거니까요.

그런데 아무 생각이 없고, 생각할 줄 모르고, 자기기만에 빠져 객관적으로 생각하지 않으면 심장이 있어도 없는 거나 매한가지입니다. 살아도 산 게 아니라고 할 수 있죠.

산다는 건 생각하는 겁니다. 합리적이고 객관적으로 제대로 생각할 줄 알아야 바르게 살아갈 수 있습니다. 자기기만에 빠지지 않을 수 있고요.

생각이 없다면 심장이 없는 것처럼 죽은 거나 다름없습니다. 이 우화가 가르쳐주고 있는 교훈은 바로 이것입니다.

"내 심장은 항상 지베르니에 머물러 있소."

수련의 화가인 프랑스의 클로드 모네가 한 말입니다. 파리 서쪽에 있는 지베르니는 모네의 작품 〈수련〉의 배경이 된 곳입니다. 그는 1883년부터 1926년까지 43년 동안 이곳에서 작품 활동을 하다가 생을 마쳤습니다.

모네의 집과 정원이 있는 이곳은 그의 예술혼이 피어난 현장입니다. 그는 이곳에서 심장이 뛰었습니다. 그 심장으로 그림을 그렸습니다. 그림 속에는 그가 본 풍경과 그의 생각이 담겼습니다. 그래서 그는 심장이 항상 지베르니에 머물러 있다고 했습니다.

심장은 삶이고 생각입니다. 내 심장을 뜨겁게 뛰게 하고 생각의 지평을 넓힌다면, 명예를 얻든 얻지 못하든 무슨 상관이겠습니까?

'자기기만'은 사실과 다르거나 진실이 아닌 걸 방어기제를 통해 합리화하면서 사실로 받아들이고 정당화하는 현상을 가리키는 정신의학 용어다. 전혀 사실이 아닌데도 자기에게 유리하거나 자기 마음에 들기 때문에 사실로 받아들이고 진실인 것처럼 믿는 것이다.

4부

복잡한 삶이 홀가분해지는 이솝우화

활기

상대방이 잘되길 바라는
마음에서 비롯된 우정

곰의 갑작스러운 습격에 한 친구가 다른 친구를 버려둔 채
재빠르게 나무 위로 도망쳤다는 이야기

─── 곰과 나그네 ───

두 친구가 여행을 떠났습니다. 이곳저곳 다니면서 좋은 구경도 많이 하고
맛있는 음식도 잔뜩 먹었습니다. 즐거운 여행을 통해 두 친구는 우정이
더욱 굳건해졌다고 느꼈습니다.

그러다가 큰 숲속을 지나게 되었습니다. 다음 여행지로 가려면 그 숲을
지나야만 했습니다. 그런데 그 숲속엔 커다란 곰 한 마리가 살고 있었습
니다. 난폭하고 무시무시한 곰이었습니다.

소문을 들은 두 친구는 걱정이 됐지만, 주위를 살피며 조심조심 지나가
기로 했습니다. 다른 대안이 없었기 때문이죠. 한참을 걷는데, 아니나 다

4부 복잡한 삶이 홀가분해지는 이솝우화: 활기

를까 눈앞에 곰이 나타났습니다.

"으악, 곰이다!"

한 친구가 크게 소리를 지르며 '걸음아 날 살려라' 하고 도망하더니 재빨리 근처 나무 위로 올라갔습니다. 달음질이 어찌나 빠르던지 순식간이었습니다.

게다가 원숭이처럼 나무도 잘 타서 곰이 도저히 어찌해 볼 도리가 없을 만큼 높이 올라가 몸을 안전하게 피했습니다.

다른 한 친구가 문제였습니다. 그는 달리기도 잘 못하고 나무 타는 일도 해본 적이 없었습니다. 허둥지둥 몸을 피하려다가 그만 돌부리에 걸려 넘어지고 말았습니다.

곰은 나무 위로 피신한 친구는 쳐다보지도 않고 쓰러진 친구를 향해 걸어왔습니다. 아찔한 순간이었죠.

'그래. 곰은 시체는 건드리지 않는다고 한 것 같아. 죽은 척하면 무사할 수 있을 거야.'

땅에 쓰러진 친구는 어른들께 들었던 말씀을 떠올리며 죽은 척 숨소리도 내지 않고 엎드려 있었습니다.

무서운 곰이 가까이 다가와 냄새를 맡고 이리저리 훑어보며 죽었는지 살았는지 확인하는 것 같았습니다. 혹시라도 들키면 꼼짝없이 죽을 수밖에 없었기에 간이 콩알만 해졌습니다.

다행히 곰은 쓰러진 친구 곁을 한참 배회하다가 어슬렁거리며 자기 갈 길을 그냥 가버렸습니다. 엎드려 있던 친구는 안도의 한숨을 내쉬며 일어

삶의 자극제가 되는 발칙한 이솝우화

나 앉았습니다.

쏜살같이 나무 위로 몸을 피했던 친구가 곰이 사라진 걸 확인하고 내려와 친구에게 다가갔습니다. 혼자 부리나케 몸을 피한 게 미안했는지 겸연쩍은 표정을 지으며 말했습니다.

"아, 그러니까 빨리 도망을 갔어야지. 큰일 날 뻔했네. 아무튼 무사해서 정말 다행이야. 한데 아까 보니까 곰이 자네 귀에 대고 뭐라고 말을 하는 것 같던데, 뭐라고 말하던가?"

땅에 엎드려 있던 친구가 나무 위로 도망쳤던 친구를 바라보며 대답했습니다.

"위험한 상황에서 친구를 버려두고 자기만 도망치는 사람과는 빨리 헤어지라고 하더군."

◇ 진정한 친구란 무엇인가

사람을 뜻하는 한자 '인(人)' 자는 두 사람이 서로 기대어 있는 모습에서 만들어졌다고 합니다. '혼자선 살 수 없는 게 인생'이라는 깊은 의미가 담긴 글자입니다.

한 사람이 일생을 살아가는 동안 수많은 사람을 만납니다. 인간은 관계를 통해 가치를 찾고 의미를 발견하는 존재입니다. 완전한 독립 인간, 고립 인간은 있을 수 없습니다.

태어나면서 부모를 만나고, 자라면서 친구를 만나고, 공부하면

서 스승을 만나고, 사회에 나와 동료를 만나고, 나이 들면서 연인을 만나고, 결혼해서 자녀를 만납니다.

나이에 따라 속한 그룹에 따라 만나는 사람이 달라집니다. 그들과 좋은 관계를 맺고 살아가는 사람은 행복한 인생을 살 것입니다. 반면 그들과 나쁜 관계를 맺고 살아가는 사람은 불행한 인생을 살 것입니다.

시간이 흐르고 나이를 먹어 가면서 만나는 사람도 달라지고 인간관계도 변합니다. 그렇지만 평생 변함없이 지속되는 관계도 있습니다.

바로 친구 관계입니다. 부모도 세월 가면 자식 곁을 떠나고, 배우자도 자신의 어린 시절은 알 수 없으며, 자식 역시 나이 들면 부모 울타리에서 벗어납니다.

사회에서 직장을 다니고 사업을 하며 비즈니스 관계로 만난 사람들이야 상황이 변하면 소원해지기 쉬운 관계입니다. 그래서 친구가 중요합니다.

나와 동시대를 살아온 추억을 공유하면서 부모나 배우자나 자식에게도 털어놓지 못할 속내를 드러낼 수 있는 부담 없는 관계가 친구 관계입니다. 그래서 좋은 친구는 정말 소중합니다.

'곰과 나그네' 우화는 '진정한 친구란 무엇인가?'라는 질문을 던지고 있습니다. 과연 어떤 친구가 진정한 친구일까요? 여행을 떠나고, 술을 마시고, 노래를 부르고, 놀이를 즐기고, 기쁨을 나누는 친구가 진정한 친구일까요?

우화는 그런 친구는 진정한 친구가 아니라고 말합니다. 내가 잘될 때, 여유 있을 때, 즐거울 때, 뭔가 줄 수 있을 때 만나는 친구는 진정한 친구가 아니라는 겁니다.

그들 중 상당수는 내가 안 될 때, 여유가 없을 때, 괴로울 때, 아무것도 줄 수 없을 때, 아니 뭔가 달라고 손을 내밀어야 할 때 나를 외면할 친구입니다. 다는 아니라 해도 십중팔구 그렇습니다.

"술친구는 친구가 아니다."

이런 속담이 있습니다. 술 마실 때만 친구지 정작 필요할 때나 위급할 땐 남과 다를 바 없으니 친구도 아니라는 이야기입니다. 위 우화 속 친구 관계가 딱 그렇습니다.

함께 여행하고, 밥 먹고, 술 마시고, 기쁨을 누릴 땐 세상에 둘도 없는 친구 같지만, 곰이 나타났을 땐 친구고 뭐고 둘러볼 것도 없이 오로지 자기만 살겠다고 도망갑니다.

그런 친구가 바로 술친구입니다. 술이라는 즐거움을 매개로 연결된 친구죠. 술이 없어지면, 즉 즐거움이 사라지면 이내 냉랭한 관계가 됩니다.

내가 만나는 친구, 내 곁에 있는 친구, 내가 알고 있는 친구가 술친구인지 아닌지 냉정하게 판단해볼 필요가 있습니다.

삶의 자극제가 되는 발칙한 이솝우화

◇ 어려울 때 친구가 진짜 친구다

친구 사이의 정을 '우정(友情, Friendship)'이라고 합니다. 사랑의 감정 중 하나입니다. 고대 그리스인들은 사랑의 감정을 네 가지로 구분했습니다.

첫 번째는 '에로스(Eros)'입니다. 남녀 간의 사랑, 즉 충동적인 성적 쾌락을 나타내는 말입니다.

두 번째는 '스토르게(Storge)'입니다. 부모가 자녀에게 느끼는 사랑 혹은 자녀가 부모에게 느끼는 사랑을 가리킵니다. 가족 간의 사랑이죠.

세 번째는 '필리아(Philia)'입니다. '친구'라는 뜻의 그리스어 '필로스'에서 유래한 말로 친구 간의 우정을 의미합니다. 그러나 단순히 친구 사이의 우정에만 한정된 게 아니라 다양한 인간관계에 존재하는 우애를 아우릅니다.

상대방을 자기 자신과 대등하게 여겨 아끼고 사랑하는 것으로, 순간적인 감정이 아닌 상당한 시간 동안 지속적인 관계를 맺음으로써 얻게 되는 친밀감입니다.

네 번째는 '아가페(Agape)'입니다. 무조건적 사랑, 절대적 사랑을 뜻합니다. 기독교에서 말하는 인간을 향한 신의 사랑, 신을 향한 인간의 사랑 그리고 인간 상호 간의 형제애를 일컫습니다. 가장 이상적인 사랑입니다.

고대 그리스 철학자 아리스토텔레스는 『니코마코스 윤리학』에서 필리아, 즉 우정에 관해 언급한 바 있습니다. 그는 필리아가 성립하기 위해선 순수성, 상호성, 인지성이 필요하다고 했습니다.

필리아는 자신의 이익과 관계없이 상대방이 잘되길 바라는 순수한 마음이 있어야 하고, 순수한 마음은 서로에 대해 쌍방향으로 존재해야 하며, 그런 상태를 피차 잘 알고 있어야 한다는 것입니다.

아울러 그는 필리아의 유형을 세 가지로 구분했습니다.

서로에게 도움이 되거나 유익한 걸 얻음으로써 형성되는 필리아, 단지 함께한다는 것만으로 즐거움을 느끼는 필리아, 상대방의 모습을 있는 그대로 인정하면서 서로 선의를 갖는 필리아가 그것입니다.

그는 세 번째 필리아가 최고 수준에 해당하는 필리아라고 했습니다. 행복을 위해 필리아가 반드시 있어야 한다고 강조했습니다.

'상대방이 잘되길 바라는 순수한 마음'이 진정한 우정이고, 이런 마음을 둘이 같이 느끼고 유지하는 게 친구입니다. 나의 쾌락과 이익 때문에 상대방을 필요로 하는 건 필리아가 아닙니다.

사람은 대단히 복잡한 존재입니다. 많은 게 충족되어도 여전히 허전함을 느끼는 게 사람입니다.

아무리 좋은 관계를 유지하고 화려한 인맥을 쌓은 사람도 허심탄회하게 마음을 나눌 속 깊은 친구가 없다면 그의 인생은 한없이 쓸쓸합니다. 함께 울고 함께 웃어줄 수 있는 진정한 친구 한두 명만 있다면 그의 인생은 성공한 인생입니다.

삶의 자극제가 되는 발칙한 이솝우화

"어려울 때 친구가 진짜 친구다."

어른들이 이렇게 말씀하시는 데는 그만한 이유가 있습니다. 산전수전 다 겪으며 살아보니 그렇다는 것이죠. 젊었을 땐 이 말의 의미를 정확히 이해하지도 체감하지도 못합니다.

◇ 좋은 친구를 사귄다는 것

어떻게 해야 좋은 친구, 진정한 친구를 만나거나 사귈 수 있을까요?

좋은 친구가 어느 날 갑자기 내 앞에 턱하고 나타나길 바라는 건 요행입니다. 내가 먼저 좋은 친구가 되어야 합니다. 내가 상대방에게 진정한 친구가 되어야 한다고 거죠.

내가 요행을 바라고, 미덥지 못하고, 유익만 바라고, 필요에 따라 사람을 만나는데 어떻게 진정한 친구가 생길 수 있겠습니까?

좋은 친구를 둔 사람은 그도 좋은 친구인 겁니다. 진정한 친구가 있는 사람은 그가 바로 진정한 친구로 살아가고 있는 것이죠. 친구에게 바라는 것과 기대하는 게 있다면 내가 먼저 실천해야만 좋은 친구 사이가 될 수 있습니다.

우화 속 두 친구는 나중에 어떻게 되었을까요?

위급한 상황에서 비로소 친구의 속내를 알게 된 다른 친구는 여행을 중단하고 집으로 돌아갔을 겁니다. "술친구는 친구가 아니다."라는 말을 곱씹으면서 말이죠.

그동안 술친구를 진정한 친구로 착각하며 살아온 자신을 탓하며 슬픔의 눈물을 흘렸을지도 모릅니다.

　시인이자 수필가였던 피천득 선생은 『인연』에 이런 글을 남겼습니다.

　"나무는 심는 것도 중요하지만, 기르는 것이 더욱 어렵고 보람 있다. 친구는 그때그때의 친구도 있을 수 있다. 그러나 정말 좋은 친구는 일생을 두고 사귀는 친구다. 우정의 비극은 이별이 아니다. 죽음도 아니다. 우정의 비극은 불신이다. 서로 믿지 못하는 데서 비극은 온다."

'상대방이 잘되길 바라는 순수한 마음'이 진정한 우정이고, 이런 마음을 둘이 같이 느끼고 유지하는 게 친구다. 나의 쾌락과 이익 때문에 상대방을 필요로 하는 건 필리아(상대방의 모습을 있는 그대로 인정하면서 서로 선의를 갖는 마음)가 아니다.

삶의 자극제가 되는 발칙한 이솝우화

자식을 도둑으로 만들지 않는
특별한 교육법

어머니에게 칭찬을 듣고자 도둑질을 하다가
나중에 큰 도둑이 된 어느 아들의 이야기

── 도둑 아들과 어머니 ──

한 어린아이가 있었습니다. 어느 날 학교에서 친구의 학용품을 몰래 가져
다가 어머니에게 줬습니다. 그런데 어머니는 어디서 난 물건이냐고, 왜 이
런 걸 가져왔느냐고 묻지 않았습니다. 훔쳐 온 거 아니냐고 캐묻거나 나
무라지도 않았죠. 오히려 아이를 칭찬해줬습니다.

　다음엔 아이가 누군가의 겉옷을 훔쳐다가 어머니에게 줬습니다. 어머
니는 이번에도 출처를 묻거나 혼을 내지 않았습니다. 쓸모있는 좋은 옷을
가져왔다며 칭찬해줬습니다.

　아들은 기분이 좋았습니다. 남의 물건을 훔쳐다가 어머니께 드리면 매

번 칭찬을 받았으니까요. 아이는 자꾸만 남의 물건에 손을 댔고 더 과감해졌으나, 죄책감은 전혀 들지 않았습니다. 어머니를 기쁘게 해드리려면 더 좋은 물건, 더 값어치 있는 물건을 훔쳐야만 했습니다.

청년이 된 아들은 부잣집에 침입해 비싼 물건을 마구 강탈하는 대담한 도둑으로 변해 있었습니다. 그러다가 결국 붙잡혀 재판을 받게 되었죠. 저지른 죄가 워낙 많은 데다 뉘우치는 기색이 없었기에 재판관은 최고형인 사형을 선고했습니다.

얼마 후 사형이 집행되는 날이었습니다. 청년은 처참한 얼굴로 포승줄에 묶여 형장을 향해 걸어갔습니다. 이때 어머니가 아들을 따라가며 목놓아 울었습니다. 멀쩡한 아들이 사형을 당하게 되었으니 가슴이 얼마나 아팠겠습니까? 어머니를 본 아들이 집행인에게 마지막 부탁을 했습니다.

"어머니께 꼭 하고 싶은 말이 있으니 잠깐만 시간을 내주십시오."

집행인의 허락을 받은 아들은 귀엣말을 하고 싶다며 어머니에게 가까이 다가갔습니다. 어머니는 죽기 전 자신에게 하고 싶은 말이 뭘까 하고 아들의 입에 귀를 댔습니다.

이때 아들이 어머니의 귀를 사정없이 물어뜯어버렸습니다. 난리가 났습니다. 어머니의 귀에서 피가 철철 흘러내렸습니다.

사람들은 흉악한 도둑놈이 마지막 순간에 어머니의 귀를 물어뜯는 패륜까지 저질렀다며, 당장 사형을 집행하라고 소리쳤습니다. 어머니 역시 아들을 비난했습니다.

그러자 청년은 어머니를 향해 울부짖었습니다.

"내가 죽게 된 건 어머니 때문이에요. 어린 시절 친구 학용품을 훔쳤을 때 어머니가 나를 야단치고 회초리를 들었더라면 내가 뉘우치고 다신 도둑질을 하지 않았을 텐데. 그때 어머니가 칭찬해주는 바람에 도둑질에 재미가 들려 결국 내가 이렇게 되고 말았어요. 도둑질하는 어린아이를 칭찬하는 어머니가 세상에 어디 있단 말인가요? 어머니가 원망스러워요."

◇ 성장 환경에 많은 영향을 받는 병적 도벽

양심에 크기가 있을까요? 어떤 사람은 자그마한 잘못을 저지르고도 어쩔 줄 모르며 괴로워하고 자책합니다. 반면 어떤 사람은 경악을 금치 못할 만큼 커다란 잘못을 저지르고도 눈 하나 깜빡하지 않습니다.

작은 비판에도 자신을 돌아보며 반성하는 사람이 있고, 엄청난 욕을 먹고 손가락질을 당해도 자신을 전혀 성찰하지 않는 사람이 있습니다.

양심의 크기가 달라서라기보다 양심의 소리에 민감한 사람과 둔감한 사람의 차이가 아닐까 싶습니다. 도덕과 윤리에 대한 판단력과 대응력에 그만큼 차이가 있는 것이죠.

선천적으로 타고 나는 경우도 있겠으나 대부분은 후천적으로 성장 환경과 교육 등에 의해 영향을 받아 형성됩니다.

도덕성과 윤리 의식에 예민하게 반응하는 사람이 많을수록 사회는 더 투명하고 건강해지는 반면, 무신경하고 무감각한 사람이 많을수록 사회는 점점 부패하고 병들어 갑니다.

남의 돈이나 물건을 훔치는 걸 도둑질이라고 합니다. 어쩌다 한 번 충동적으로 그런 게 아니라 습관적으로 타인의 것을 훔치는 행위를 '도벽(盜癖, Kleptomania)'이라고 하죠. 도둑질하는 버릇이라는 뜻입니다.

돈이 없거나 먹을 게 부족해서 혹은 당장 필요한 물건인데 구할 수가 없어서 타인의 돈과 물건에 손을 대는 게 아니라, 도벽 충동을 참지 못해 도둑질을 반복하는 증상을 가리킵니다. 정신건강의학과에선 치료해야 할 질환으로 파악합니다.

도벽은 필요하거나 그만한 가치가 있어서 훔치는 게 아닙니다. 돈이나 물건이 목적이 아니라 남의 것을 훔치는 행위 자체가 목적이죠. 도둑질하기 직전에 느끼는 흥분과 긴장감 그리고 성공했을 때의 쾌감과 충족감이 도벽을 끊지 못하는 요인입니다.

도벽의 원인을 한마디로 정의하긴 어렵습니다. 병적 도벽은 사랑하는 사람과의 이별, 가족의 죽음으로 인한 상실감 등 대인관계에 중대한 문제가 생겼을 때 또는 가정이나 학교, 회사 등에서 심한 스트레스를 받았을 때 해소 수단으로 나타나는 수가 있습니다.

뇌 질환이나 지적 장애와 관련이 있다고도 알려져 있습니다. 의지가 약하거나 유약한 성격을 가진 사람, 지능이 일정 수준 이하인 사람이 도벽에 빠지기 쉽습니다.

환자의 가족 중에 강박 장애나 기분 장애에 시달리는 사람이 많다는 점을 고려하면 유전적 요소도 관여되어 있다고 할 수 있죠.

여성의 경우, 생리 중 강한 도벽 충동을 느껴 남의 물건에 손을 대는 사례도 있습니다. 이른바 생리도벽입니다. 월경전증후군의 일종이라고 할 수 있습니다.

강한 충동 때문에 긴장감이 증가해 해소하고자 자신과 남들에게 해가 되는 행동을 하는 게 결정적인 특징인 정신질환을 '충동조절 장애(Impulse Control Disorders)'라고 합니다. 간헐성 폭발 장애, 병적 도벽, 병적 방화, 병적 도박, 충동적이고 강박적인 성행위, 자해 등을 포괄하는 넓은 개념입니다.

강박증이나 중독과 유사한 양상을 보입니다. 양심이나 이성의 힘으로 참거나 절제하지 못하고 같은 잘못을 계속 반복하는 거죠. 충동적 행동을 하기 전에 긴장이나 각성이 고조되고, 행동으로 옮기고 난 후엔 일시적인 쾌감이나 긴장의 해소를 경험합니다.

여기에 맛을 들이면 충동과 욕구를 스스로 억제하거나 조절하지 못하고 계속해서 빠져듭니다. 다른 정신질환과 달리 자신의 행동이 이상하다고 느끼지 않습니다. 따라서 자책, 후회, 죄책감이 없는 편입니다.

충동조절장애의 일종인 병적 도벽은 성장 환경에 많은 영향을 받습니다. 결손가정이나 갈등이 많은 가정 그리고 부모의 언행이 일치하지 않음으로써 부도덕한 일들이 빈번히 일어나는 가정에서 자란 아이들이 병적 도벽에 빠질 확률이 높습니다.

어렸을 때 부모가 이혼했거나 잘못된 양육 방식 속에서 자라난 아이들, 부모의 따뜻한 관심과 사랑을 받으며 자라지 못한 아이들은 자신을 소중하게 생각하지 않고 자기 존재감마저 부정할 수 있습니다. 바른 도덕성과 윤리관을 미처 확립하지 못한 채 성장하는 것이죠.

그러다가 학교에서 교우 관계를 잘못 맺으면 더욱 불량한 쪽으로 기웁니다. 병적 도벽에 빠지면 언제든 잘못이 발각되거나 경찰에 붙잡힐 수 있다는 생각을 떨칠 수 없기에 우울증이나 불안 증상이 나타나기도 하며, 대인관계에 심각한 문제를 보이거나 성격적인 결함이 드러나는 경우도 흔합니다.

◇ 바늘 도둑이 소도둑 되지 않게 하는 부모

여러 가지를 두루 종합해 봤을 때 결국 병적 도벽은 당사자의 잘못이라기보다 부모나 어른들의 옳지 못한 교육 그리고 건강하지 않은 열악한 성장 환경으로 만들어지는 거라고 볼 수 있습니다.

태어나면서부터 도둑인 사람은 없다는 겁니다. 교육과 환경에 의해 도둑으로 길러지는 겁니다. '도둑 아들과 어머니' 우화는 바로 이걸 강조하고 있습니다.

인터넷에 올라온 이야기 중 흥미로운 게 있었습니다. 어떤 초등학생 아이가 엄마 돈 1만 원을 몰래 훔치다가 들켰습니다. 엄마는 당황했습니다. 아이도 물론 깜짝 놀랐겠죠. 엄마가 자신을 회초리로 때릴지도 모른다고 생각했을 겁니다.

그런데 엄마는 아이를 때리거나 나무라지 않았습니다. 아이에게 자신이 무엇을 잘못했는지 반성문을 쓰게 한 다음 그걸 들고 파출소에 가서 경찰관 아저씨에게 보여준 후 사인을 받아오라고 했습니다.

아이는 열심히 반성문을 썼습니다. 파출소에서 만난 경찰관이 받아본 반성문엔 이렇게 적혀 있었습니다.

"저는 엄마의 돈을 만 원 가져갔습니다. … 너무 후회되고 엄마, 가족들에게 너무 미안합니다. … 이 일 때문에 경찰서에 가서 경찰관님 사인, 이름 받아오기 벌을 받았습니다."

반성문 밑에는 '바쁘신데 찾아와서 죄송합니다.'라는 인사말까지 쓰여 있었습니다. 파출소에 있던 경찰관 아저씨는 아이를 앞에 앉혀 놓고 따뜻하지만 단호한 음성으로 말했습니다.

"남의 돈을 몰래 가져가는 건 정말 나쁜 행동이야. 이번 한 번만 믿고 사인하는 거야."

아이는 눈물을 뚝뚝 떨어뜨리면서 고개를 90도로 숙이며 말했습니다.

"감사합니다…. 안녕히 계세요…."

이 아이가 또 남의 돈이나 물건에 손을 댔을까요? 아마도 두 번 다신 그런 짓을 하지 않았을 겁니다. 자신의 잘못을 충분히 뉘우치면서도 공적인 과정을 통해 그것이 얼마나 그릇된 행동이었는지를 깊이 깨달을 수 있었기 때문입니다.

엄마는 매를 들거나 욕을 하지 않으면서도 아이가 스스로 잘못을 인식하고 돌이킬 수 있도록 한 것입니다. 가장 좋은 방법이라고는 할 수 없겠지만, 부모의 교육이 얼마나 중요한지 생각하게 만듭니다.

아이를 무조건 오냐오냐 기르는 게 능사가 아닙니다. 기 죽이지 않고 제 하고 싶은 대로 하게끔 놔두는 게 좋은 부모가 아닙니다. 올바른 도덕성과 윤리관을 심어줌으로써 공동체의 일원으로서 그리고 사회의 한 구성원으로서 제 몫을 다하며 살아갈 수 있게 훈육하는 게 부모의 역할입니다.

아무렇지 않게 큰 비리를 저지르는 사람들이 있습니다. 남이야 어떻게 되든 말든 내 배만 채우면 그만인 사람들이 있습니다. 나라 세금이나 공적인 돈을 제 돈인 양 쓰는 사람들이 있습니다. 이런 사람들은 '도둑 아들과 어머니' 우화에 나오는 어머니 같은 부모 밑에서 자라지 않았을까요?

맨 처음 잘못을 저질렀을 때 발견한 부모나 어른들이 따끔하게 혼을 내고 다신 그러지 않도록 뉘우칠 기회를 만들어줘야 합니다. 그렇지 않으면 반복하다가 끝내 바늘 도둑이 소도둑 되어 큰 화를 당할 수 있습니다.

삶의 자극제가 되는 발칙한 이솝우화

◇ 쓰고 눈물겨워야 하는 훈계와 깨달음

이 시대에 어른이 없다는 이야기를 많이 합니다. 최근 한 언론사에서 조사한 바에 따르면, 사회관계망서비스 등에서 산출한 2022년 1분기 한국 사회 세대 갈등 지수가 2018년에 비해 5.2% 증가했다고 합니다.

코로나 팬데믹 이후 가족 간에 갈등의 골이 더 깊어진 셈입니다. 노인 세대는 젊은 세대를 그저 버릇없는 철부지로만 여기고, 젊은 세대는 노인 세대를 앞뒤 꽉 막힌 꼰대로만 여깁니다.

나이를 먹는다고 저절로 어른이 되는 게 아닙니다. 높은 도덕성과 윤리 의식을 바탕으로 삶의 모범을 보여야 비로소 어른이 됩니다. 어른의 권위란 거기서 나오는 것이죠.

집 안이나 마을이나 사회에서 잘못을 저지르고 남에게 해를 끼치는 사람이 있을 때마다 따끔하게 훈계하고 야단을 침으로써 바로잡을 수 있는 어른이 많다면, 젊은 세대도 나이 든 세대를 존중하고 존경하지 않을까요?

아이를 낳긴 쉬워도 제대로 된 부모가 되긴 어렵습니다. 나이 먹는 건 쉬워도 본받고 싶은 어른이 되는 건 어렵습니다.

소도둑 없는 세상을 만들려면 어떻게 해야 할까요? 바늘 도둑을 만들지 않는 겁니다. 아니 바늘 도둑을 발견했을 때 스스로 뉘우치게 해서 소도둑으로 발전하지 않게 하는 겁니다.

도둑 아들을 만들지 않으려면 어떻게 해야 할까요? 우화 속 어머니처럼 하면 안 되고, 사례의 초등학생 어머니처럼 해야 합니다.

훈계와 깨달음은 쓰고 눈물겹지만, 결과는 아름답습니다. 그렇게 해야만 가정과 마을과 사회가 점점 더 투명하고 건강해집니다.

병적 도벽은 당사자의 잘못이라기보다 부모나 어른들의 옳지 못한 교육 그리고 건강하지 않은 열악한 성장 환경으로 만들어지는 거라고 볼 수 있다. 태어나면서부터 도둑인 사람은 없다. 교육과 환경에 의해 도둑으로 길러지는 것이다.

마음을 얻으려면
부드러운 설득이어야 한다

북풍의 강한 힘이 아니라 태양의 온화한 설득이
나그네의 옷을 벗길 수 있다는 이야기

—— 북풍과 태양 ——

태양과 북풍이 논쟁을 벌였습니다.

태양은 자신의 명랑하고 따뜻한 성품 때문에 많은 이에게 사랑을 받는다고 주장했습니다. 이에 북풍은 자신의 냉정하고 매서운 성격 때문에 모든 이에게 존경을 받는다고 주장했습니다.

태양은 북풍처럼 사납기만 해선 존경을 받을 수 없다고 반박했고, 북풍은 태양처럼 뜨겁기만 해선 사랑을 받을 수 없다고 반박했습니다.

자부심이 워낙 강했던 태양과 북풍은 한 치도 물러서지 않고 다퉜습니다. 그러던 어느 날 태양이 북풍을 향해 제안을 하나 했습니다.

"우리 둘 중에 누가 더 사람들에게 많은 사랑과 존경을 받는지 승부를 가리기로 하자. 저기 아래 길 가는 나그네 보이지? 저 사람의 옷을 먼저 벗기는 쪽이 이기는 거야. 어때?"

"좋아. 그거라면 자신 있지. 내가 먼저 할 테니 두고 보라고."

태양의 제안을 받아들인 북풍은 나그네의 옷을 벗기기 위해 차갑고 매서운 바람을 일으켰습니다. 그러자 나그네는 옷이 벗겨지지 않도록 두 손으로 강하게 옷을 부여잡고 걸었습니다. 북풍은 더 강력한 바람을 일으켰지만, 그럴수록 나그네는 더 완강히 옷깃을 여몄습니다.

거센 공격 끝에 힘이 다 빠져버린 북풍은 결국 나그네의 옷을 벗기는 데 실패했습니다.

이번엔 태양이 나섰습니다. 따사롭고 온화한 햇살을 비췄습니다. 그러자 나그네는 수건으로 땀을 닦으며 옷깃을 풀어 헤쳤습니다. 태양은 좀 더 뜨거운 열기를 내리쬐었습니다.

"오늘 날씨가 참 이상하네. 세찬 바람이 불더니만, 갑자기 해가 쨍쨍 내리쬐니 말이야."

나그네는 이렇게 말하면서 겉옷을 벗었습니다.

그래도 더위를 견딜 수 없었는지 근처에 있는 강으로 달려갔습니다. 그러곤 옷을 다 벗은 채 강물 속으로 풍덩 뛰어들었습니다.

◇ 감성을 두드려 마음을 사로잡는 법

어느 날 친구에게서 전화가 걸려왔습니다. 이런저런 이야기를 하다가 건강 문제가 나왔고, 노후를 대비해 보험을 들어둬야 한다는 방향으로 이야기가 전개되었습니다.

친구는 진솔하고 진지하게 나이에 맞게 건강 관리를 해야 한다는 점을 설명했습니다. 그러면서 자신이 최근 보험회사에 다니게 되었다며 정말 좋은 상품이 있다고 권했습니다. 전혀 생각지도 못한 일이었지만, 친구의 솔직한 권유가 마음에 들어 A 씨는 선뜻 보험에 가입했습니다.

생일을 어떻게 알았는지 B 씨에게 지인으로부터 생일 축하 메시지와 함께 커피 쿠폰이 도착했습니다. 고맙다는 인사와 더불어 언제 식사나 하자고 답장을 보냈습니다. 얼마 후 그가 회사 근처로 찾아와 카페에서 차를 한잔 마셨습니다.

오랜만에 즐겁고 유쾌한 대화가 이어졌습니다. 지인이 자기 회사에서 막 창간한 잡지라며 패션지 한 권을 건넸습니다. B 씨는 고마움을 표현하고자 2년짜리 정기구독 신청을 했습니다.

누구나 한두 번 이런 경험이 있을 겁니다. 보험에 들 생각이 전혀 없었는데, 친구와 대화를 나누다 보니 자꾸만 솔깃해지는 바람에 덜컥 보험 계약을 하게 된 경험. 평소 잘 보지도 않는 잡지를 정기구독까지 할 생각은 없었지만, 너무 친절하고 다정해서 호감이 가는 지인을 만나 차를 마시다 보니 얼떨결에 잡지 정기구독 신청을 하게 된 경험 같은 것 말입니다.

평소와 달리 턱없이 비싼 옷을 산다든가 별로 쓰지도 않는 고가의 전자제품을 사는 일도 있습니다. 나중에 후회할 게 분명하니까 단호하게 물리쳐야 한다고 생각하지만, 이미 상대방의 말과 태도에 완전히 설복되어 도저히 거절하지 못합니다.

만약 상대방의 말과 태도가 완전히 달랐다면 어땠을까요? 다짜고짜 제품 이야기부터 꺼내면서 꼭 사야 한다느니, 안 사면 당신이 손해라느니, 이번에 계약을 못 하면 두고두고 후회할 거라느니 하면서 억박지르듯 구매를 강요했다면 말입니다. 아마 대부분이 사지 않았을 겁니다.

친구나 지인의 경제력을 무시하거나 생활 수준을 폄훼하면서 얕잡아보는 태도로 말했더라도 대다수가 더 듣지도 않고 거절했을 겁니다.

상대방이 내 말을 경청하고 수긍함으로써 행동에 나서게 하려면 마음을 사로잡아야 합니다. 감성을 두드려야 하는 겁니다. 이성적인 논리나 강압적인 태도, 현란한 말솜씨만으로는 마음을 사로잡기가 쉽지 않습니다.

누군가의 행동을 바꾸거나 평소 그의 생각이나 의지와는 다른 행동을 하게 만드는 방법은 두 가지입니다. 힘으로 굴복시켜 행동하게 하는 것과 설득으로 스스로 행동하게 하는 것이죠.

상대가 도저히 대항할 수 없을 만큼 강한 힘을 가진 쪽이 그렇지 못한 쪽을 압박해 강제로 행동하게 할 수 있습니다. 살기 위해 어쩔 수 없이 행동을 바꾸는 겁니다.

하지만 속으로는 수긍하지도 승복하지도 않습니다. 상황이 바뀌면, 즉 상대방의 힘이 빠진다거나 자신의 힘이 세질 경우, 언제든 다시 행동을 바꿀 겁니다.

이에 반해 충분한 설득으로 상대를 이해시켜 스스로 행동을 바꾸게 한 경우, 상대는 수긍하고 승복합니다. 설령 상황이 바뀌어도 결정에 책임을 지기 위해 행동을 쉽게 바꾸지 않을 겁니다.

'북풍과 태양' 우화는 이에 대한 교훈을 주고 있습니다. 누군가의 행동을 바꾸는 데 힘의 논리가 유효하냐, 설득의 논리가 유효하냐 하는 것이죠.

나그네의 옷을 벗긴 건 북풍의 강한 힘이 아니라 태양의 온화한 설득이었습니다. 강제로 옷을 벗기려면 강한 힘이 필요하지만 저항 또한 만만치 않습니다. 반면 부드러운 설득은 저항을 내려놓고 자신의 의지로 옷을 벗게 만듭니다.

힘의 논리는 단순하나 설득의 논리는 복잡합니다. 쉽지 않습니다. 오래 걸립니다. 그러나 타의에 의한 행동 변화와 자의에 의한 행동 변화의 차이는 큽니다.

설득은 상대방을 충분히 존중하고 배려하는 데서 시작합니다. 솔직한 자세로 진실한 내용을 전달합니다. 설득으로 마음을 얻으면 행동은 자연스럽게 변합니다.

◇ 설득의 여섯 가지 원칙

미국 애리조나주립대학교의 심리마케팅학과 석좌교수 로버트 치알디니는 『설득의 심리학(원제: Influence)』 저자로 유명합니다. 전 세계 26개 국어로 번역 출판된 이 책은 우리나라에서도 엄청나게 판매되며 큰 화제를 불러일으켰습니다.

그는 이 책을 통해 상대에게 이용당하지 않고 원하는 방향으로 일을 풀어가는 게 설득의 힘이라고 강조합니다. 원하는 걸 얻으려면 마음부터 사로잡아야 한다는 것이죠.

무턱대고 자기 말만 늘어놓는다든지, 얻어내려는 속내를 노골적으로 드러낸다든지, 지식을 뽐내며 가르치거나 훈계하려 한다든지, 판매나 계약만을 목적으로 강압적인 태도를 보인다든지 하면 결코 마음을 얻을 수 없으며, 따라서 목적한 바도 이룰 수 없다는 것입니다.

그가 책에서 언급하는 설득의 여섯 가지 원칙은 다음과 같습니다.

첫째는 상호성의 원칙입니다. 설득의 달인들이 선호하는 전략 중 하나로 먼저 호의를 베풀고 보답을 요구하는 방법입니다.

작은 호의를 베풀면 상대가 거절하기 어렵습니다. 호의를 받은 상대방은 신세를 졌기에 마음이 불편합니다. 그래서 빨리 신세를 갚기 위해 불평등한 교환에 동의하는 것이죠. 한번 양보를 받으면 양보로 보답해야 합니다. 큰 제안을 해서 거절당한 다음 작은 제안을 하면 상대방은 순순히 받아들이는 심리가 있습니다.

둘째는 일관성의 원칙입니다. 사람은 생각하는 데 필요한 에너지를 줄이고자 한번 생각을 고정하면 계속 유지하려는 경향이 있습니다. 그러므로 누군가를 움직이게 하려면 먼저 분명한 입장을 정립하도록 하면 됩니다.

한 가지 입장을 정립하면 그와 일관성 있는 요구에 쉽게 동의합니다. 그러나 모든 입장 정립이 항상 행동으로 이어지는 건 아닙니다. 입장 정립은 적극적이고 공개적이며 수고스럽고 자발적일 때 가장 큰 효과를 발휘합니다.

셋째는 사회적 증거의 원칙입니다. 사람들은 특정 상황에서 무엇을 믿고 어떻게 행동해야 할지 결정하기 위해 주로 타인이 무엇을 믿고 어떤 행동을 하는지 살펴보는 경향이 있습니다. 이 원칙은 '불확실성'과 '유사성'이라는 조건에서 가장 강력한 영향력을 발휘합니다.

비슷한 선택지가 많고 어떤 게 좋은 건지 알기 힘들 때 주변 사람의 행동을 쉽게 따라 합니다. 집단의 일부를 설득해 그들이 행동하면 나머지는 모방합니다.

넷째는 호감의 원칙입니다. 자신의 매력과 호감도를 높일 만한 요소를 부각해 상대에게 접근하는 겁니다. 그렇게 친밀감을 형성하면 설득이 쉬워집니다.

외적인 호감은 매우 중요합니다. 유사성을 찾아 강조하면 호감도가 상승하죠. 칭찬도 호감을 올리는 좋은 방법이고요. 접촉을 자

삶의 자극제가 되는 발칙한 이솝우화

주 하면서 긍정적인 경험을 쌓으면 호감이 올라갑니다. 호감이 가는 상대방의 제안에 긍정적으로 반응하는 건 인지상정입니다.

다섯째는 권위의 원칙입니다. 권위에 복종하려는 성향은 그것이 옳은 행동이라는 개념을 구성원들에게 심어주기 위해 마련된 사회화 과정의 산물입니다.

합법적 권위에 복종하려는 의무감이 있는 사람은 권위를 가진 사람이 어떤 말을 했을 때 진위를 판단하지 않고 복종하는 경향이 있습니다. 사회적으로 인정받는 직함, 제복 같은 권위 있는 옷차림, 고급 승용차 등 실제 권위가 존재하지 않지만 권위의 상징으로 여겨지는 것에 영향을 받습니다.

여섯째는 희귀성의 원칙입니다. 일반적으로 얻기 어려운 게 가치가 높다는 인식을 이용한 것입니다. 사람들은 가치가 비슷할 경우 뭔가를 얻는다는 생각보다 잃는다는 생각에 훨씬 더 영향을 받습니다. "팔 수 있는 게 별로 없습니다." "시간이 얼마 남지 않았습니다." 이런 말에 자극받는 것이죠.

뭔가를 하지 못하도록 또 갖지 못하도록 금하면 더 하고 싶고 갖고 싶습니다. 경쟁이 심하면 심할수록 소유하고 싶은 욕망은 자꾸만 커지는 겁니다.

설득을 누구는 기술이라고 하고 누구는 과학이라고 합니다. 그러나 사람의 마음을 얻는 일을 기술이나 과학으로 다 설명할 순 없습니다. 상대방을 최대한 존중하고 배려하면서 내 진심이 잘 전달

되도록 정성을 다하는 게 가장 좋은 방법이 아닐까 생각합니다.

한 번에 안 되면 두 번 세 번 계속 진솔하게 다가가는 겁니다. 그러면 조금씩 마음이 열리지 않을까요? 힘으로 상대를 제압할 순 있지만 마음을 얻진 못합니다. 마음을 얻으려면 끝없는 설득이 필요합니다. 연애도 사업도 마찬가지입니다. 사람 사는 일이 다 마음에서 시작되는 거니까요.

나그네의 옷을 벗긴 건 맵디 매운 바람이 아니라 따사로운 햇살이었습니다. 이것만 기억하면 상대방의 마음을 얻는 일이 좀 더 쉬워지지 않을까요?

원하는 걸 얻으려면 마음부터 사로잡아야 한다. 무턱대고 말만 늘어놓는다든지, 뭔가를 얻어내려는 속내를 노골적으로 드러낸다든지, 지식을 뽐내며 가르치거나 훈계하려 한다든지, 판매나 계약만을 목적으로 강압적인 태도를 보인다든지 하면 결코 마음을 얻을 수 없으며 목적한 바도 이룰 수 없을 것이다.

아이 스스로
생각하고 판단해 행동할 수 있게

아빠 캥거루가 먹이를 구하러 나갔다가 돌아오지 않자
엄마 캥거루가 홀로 아이들을 애지중지 키운다는 이야기

—— 캥거루와 새끼 ——

어느 초원에 캥거루 가족이 살았습니다. 하루는 아빠 캥거루가 가족을 위해 먹이를 구하러 나갔다가 그만 사냥꾼들에게 붙잡혀갔습니다. 아빠 캥거루가 돌아오지 않자 엄마 캥거루는 초조해졌습니다. 며칠이 지나도 아빠 캥거루는 돌아오지 않았습니다.

무슨 일이 난 줄 알고 걱정하던 엄마 캥거루는 마음을 바꿔 먹었습니다. 남편이 떠난 거라고 여긴 것이죠.

'젊고 예쁜 캥거루와 바람이 나서 집을 나간 거야. 이렇게 배신을 당할 줄이야…'

남편이 자신을 버렸다고 생각한 엄마 캥거루는 아들에게 말했습니다.

"네 아빠는 우리를 버리고 떠났단다. 하지만 내가 아빠 몫까지 다해줄 테니 염려 마라."

이후 엄마 캥거루는 아들을 보살피는 데 모든 힘을 쏟았습니다. 아빠 없이 자라는 버릇없는 캥거루라는 말을 듣지 않도록 일거수일투족을 들여다보고 챙겼습니다.

조금만 걱정스러운 일이 생기면 달려가 아들을 대신해 나서서 해결했습니다. 친구들과 다툼이 생겼을 때도 어김없이 나타나 아들을 보호하면서 방패막이가 되어줬죠.

그렇지만 아무리 전사처럼 이리 뛰고 저리 뛰며 아들을 돌봐도 아들의 모든 걸 대신해줄 순 없었습니다.

'아무래도 안 되겠어. 아예 아들을 내 아랫배에 있는 주머니에 넣어서 키우는 게 좋겠어.'

엄마 캥거루는 아들을 위하는 마음에 독립을 준비해야 할 아들을 자신의 아랫배 주머니에 넣고 다녔습니다.

그렇게 아들 캥거루는 엄마 뱃속 주머니에서 청소년기를 보내며 장성해 어른 캥거루가 되었습니다. 하지만 주머니 안에서 나올 생각은 아예 하지 않았죠.

엄마 캥거루는 다 큰 아들을 주머니에 넣어 다니며 먹이고 입히는 게 여간 힘들고 부담스럽지 않았지만, 아빠 캥거루 몫까지 두 배 이상을 해야 한다는 책임감과 의무감에 이를 악물고 참았습니다.

그러는 동안 아들 캥거루는 친구들이 장가가고 시집가고 살림을 차려 새끼 낳는 걸 보면서도 스스로 먹이 하나 구해 먹을 생각을 하지 않았습니다. 엄마 캥거루만 있으면 모든 게 해결되니 애써 뭔가를 할 필요가 없었습니다.

엄마 캥거루는 장성한 아들을 뱃속에 싣고 매일 싱싱한 풀과 시원한 물을 찾아다니느라 점점 지쳐갔습니다. 그러나 아들은 엄마 아랫배 주머니 속에 앉아 나보다 더 팔자 좋은 아들이 있을까 생각하며 만족스러워했습니다.

그러다가 마침내 엄마 캥거루가 병이 나고 말았습니다. 창자가 빠지는 무서운 병에 걸린 것입니다. 엄마 캥거루는 서서히 죽어갔습니다. 엄마 캥거루가 죽어가는 동안에도 아들은 엄마 뱃속 주머니에서 나올 줄을 몰랐습니다.

엄마 캥거루는 안타까운 눈으로 아들을 바라보다가 세상을 떠났습니다. 아들 캥거루는 슬피 울었습니다.

그런데도 죽은 엄마 뱃속 주머니에서 나오지 않았죠. 엄마 뱃속 밖의 세상을 알지 못했으니까요.

며칠 뒤 아들 캥거루 역시 굶어 죽고 말았습니다. 죽은 엄마 캥거루 아랫배 주머니 속에 웅크린 채 말입니다.

◇ 평생 부모에게 기생해 살아가는 사람들

캥거루족이 점점 늘고 있다고 합니다. 성인이 되어 자립할 나이가 되었는데도 자신의 힘으로 살아갈 생각은 하지 않고 부모에게 기대 사는 젊은이를 '캥거루족'이라고 합니다.

자의식이 부족해 자립할 생각이 없는 사람도 있겠지만, 주로 경제적인 측면에서 취직하거나 창업해 힘들게 돈을 벌며 사는 것보다 부모한테 의존해 손쉽게 살아가고자 하는 젊은이들이 많다는 겁니다.

물론 학교를 졸업해도 취업이 힘들고 경제가 좋지 않아 마땅히 일할 곳을 찾기 어려운 점도 있겠지만, 이 모든 역경을 헤쳐나가면서 독립적으로 삶을 개척하려는 정신과 의지가 약한 탓이 크다고 할 수 있습니다.

몸은 이미 어른이고 공부도 할 만큼 했음에도 여전히 캥거루처럼 엄마 뱃속 주머니에서 나올 생각을 하지 않는 것이죠.

캥거루는 태반이 발달되어 있지 않아 갓 낳은 새끼가 1~2cm 크기에 불과할 정도로 미성숙한 상태에서 태어납니다. 그래서 새끼는 출생 직후 어미 배에 있는 육아낭으로 들어가 꽤 오랫동안 생활해야 합니다. 육아낭 속에 있는 젖꼭지에 달라붙어 6개월 내지 1년 동안 성장한 뒤에야 비로소 독립할 수 있죠.

이처럼 캥거루의 가장 큰 특징은 어미 아랫배 앞에 있는 육아낭입니다. 종족 보존을 위해 마련된 생명 유지 장치죠. 다 자란 캥거루가 나가기 싫다고 해서 마냥 머물러도 되는 장소가 결코 아니라는 겁니다.

성장한 캥거루는 반드시 육아낭에서 나와야 합니다. 자연의 법칙이고 생명 유지 장치의 목적입니다. 그런데 육아낭도 없는 인간 사회에서 원칙이 제대로 지켜지지 않고 있는 겁니다.

1980년대 초부터 2000년대 초 사이에 태어난 MZ세대는 이전 세대보다 더 독립적이고 자유분방한 생활을 선호합니다. 그런데도 이들 중 상당수가 캥거루족입니다.

2022년 봄 통계개발원에서 발간한 자료에 따르면, 국내 MZ세대 인구는 1,629만여 명으로 총인구의 32.5%를 차지했는데 이중 부모와 함께 사는 이른바 캥거루족의 비율은 42.5%로 나타났습니다. 열 명 가운데 네 명이 캥거루족인 셈이죠.

20~30대인 MZ세대에만 캥거루족이 있는 게 아닙니다. 40~50대 캥거루족도 상당하다고 합니다. 심지어 60대 이상의 캥거루족도 있습니다.

연애도 결혼도 하지 않은 채 평생 부모에게 기생해 살아가는 사람들입니다. 그리고 우리나라만 그런 게 아닌가 봅니다. 일본, 미국, 유럽 등 세계 각국 사정이 비슷한 것 같습니다.

최근에는 은퇴한 노부모의 연금을 빨아먹고 산다고 해서 캥거루족을 '빨대족'이라고 부르기도 합니다.

캥거루족 혹은 빨대족의 증가는 가계로 봐선 부모 세대의 부담

4부 복잡한 삶이 홀가분해지는 이솝우화: 활기

으로 이어지며, 사회로 봐선 생산성이 저하되고 사회적 비용이 증가하면서 역동성이 떨어집니다.

자녀 양육과 교육 등으로 노후 준비를 제대로 하지 못한 베이비붐 세대 부모들이 다 큰 자녀들의 생활비까지 부담하느라 빈곤층으로 내몰릴 수도 있습니다. 노년층의 빈곤율이 무려 45%에 이르는 현실은 이 상황이 단순한 기우가 아님을 여실히 보여줍니다.

출산율 저하로 인구는 급격히 줄어드는 반면 의학의 발달로 평균 수명은 점점 늘어나고 있는 이때, 나이 든 부모가 젊은 자식을 먹여 살려야 한다는 건 재앙이 아닐 수 없습니다.

◇ 피터 팬 증후군의 방어기제들

캥거루족처럼 어른으로서 마땅히 져야 할 사회적 책임을 회피하는 심리를 심리학자들은 '피터 팬 증후군(Peter Pan syndrome)'으로 설명하기도 합니다.

육체적으로는 이미 성숙한 지 오래나 사회에 적응하지 못하는 정신 상태, 즉 뭔가를 책임지는 상황을 회피하고 싶은 마음이 더 커서 여전히 어린아이의 정신 상태에 머물러 있는 걸 가리킵니다.

1983년 미국의 임상 심리학자 댄 카일리 박사가 처음 사용한 후 널리 퍼졌습니다.

피터 팬은 영국 작가 제임스 매슈 배리 경이 쓴 동화 속 인물입니다. 몸은 다 컸지만 마음은 성숙하지 않아, 순진하고 현실 도피

삶의 자극제가 되는 발칙한 이솝우화

적인 캐릭터죠.

책임감이 없고 타인이 자신에게 거는 기대의 무게를 견디지 못합니다. 기대를 충족시켜야 한다는 부담스럽기 짝이 없는 생각 따위는 아예 하지 않습니다. 피터 팬 증후군의 대표적인 방어기제는 부정, 퇴행, 합리화 등입니다.

'부정(Denial)'은 유쾌하지도 않고 보고 싶지도 않은 현실을 거부하거나 무시하는 겁니다.

예를 들면, 공무원 시험이나 자격증 시험 준비를 한다고 학원에 들락거리지만 친구들과 놀기 바쁩니다. 그러면서도 자신이 제대로 공부하지 않는다는 사실을 인정하지 않습니다.

'퇴행(Regression)'은 스트레스나 불안을 느끼면 어린아이가 되어버리는 겁니다.

예를 들면, 뭘 해도 되는 일이 없을 때 아무 대책 없이 손을 놔버린다든가 방에 처박혀 나오지 않는다든가 엎드려 울기만 한다든가 하는 것이죠.

'합리화(Rationalization)'는 힘든 일이 생기면 자기만의 논리로 정당화하는 겁니다.

예를 들면, 빈둥거린다는 소리가 듣기 싫어 여기저기 이력서를 내놓곤 곧 취직이 될 거니까 하찮은 시간제 아르바이트는 할 필요가 없다고 생각합니다. 속으론 합격하리라 기대하지 않으면서도 말입니다.

◇ 아이 스스로 생각하고 판단해 행동할 수 있게

우화 속으로 다시 들어가보겠습니다. 엄마 캥거루의 심정이 이해는 됩니다. 믿었던 남편에게 배신당했다고 느꼈으니 자식밖에 없다고 생각했겠죠. 그래서 새끼 캥거루에게 깊은 애착을 갖고 온 정성을 다해 키웁니다.

시간이 되면 독립해서 따로 살아가도록 해야 하는데도 불구하고 안쓰러운 마음에 다 자란 아들을 육아낭 속에 넣어 애지중지 돌봅니다.

시간이 지나면서 결국 엄마 캥거루는 육아낭 속에 든 어른(이 된 새끼) 캥거루를 돌보는 일이 버거워 병이 나서 죽고 말았습니다. 제힘으로 살아갈 능력을 잃어버린 피터 팬 같은 아들 캥거루 역시 어울리지도 않는 육아낭 속에서 슬피 울다 굶어 죽었습니다.

이 모자의 비극은 어디서 시작된 걸까요? 독립심 없는 아들도 문제지만, 아들을 그렇게 키운 엄마 잘못이 절대적입니다. 제 자식이 애틋하고 사랑스럽지 않은 부모가 어디 있을까요?

그럴수록 아이를 자립할 수 있는 아이로 키워야 합니다. 아이에게 독립심을 길러줘야 합니다. 고기를 잡아다 먹이는 데 그치는 게 아니라 고기 잡는 방법을 가르쳐줘야 합니다.

어린 자녀를 자동차로 매일 등하교시켜주고 숙제를 대신해주며 어떤 친구를 사귈지까지 결정해주는 부모가 있습니다. 대학생이 된 자녀의 수강 신청과 군대 간 아들의 병영생활까지 관여하는 부

삶의 자극제가 되는 발칙한 이솝우화

모도 있다고 합니다.

　나중에 자녀가 대학 졸업 후 어느 회사에 취업할지, 결혼 상대자는 어떻게 정해야 하는지 간섭하고 결혼한 자녀의 사생활에도 적극적으로 개입할 것입니다.

　'과잉보호(Overprotection)'는 결코 자녀를 잘되게 하는 방법이 아닙니다. 과잉보호는 건강한 사랑이 아닙니다. 자식을 정말 사랑한다면 안전한 둥지를 떠나 자기만의 세계를 향해 자유롭게 훨훨 날아가도록 둥지 밖으로 밀어내야 합니다.

　아이가 떼를 쓰더라도 시기가 되면 육아낭 밖으로 나오도록 해야 합니다. 그렇지 않으면 자기밖에 모르는 의존적인 사람으로 자랍니다.

　의존증이 심할 경우, 보호받고자 하는 욕구가 지나쳐 자신의 의존 욕구를 충족시키고자 주변 사람들에게 끊임없이 매달리며 타인의 무리한 요구에도 순종적으로 응하는 인격장애인 '의존성 성격장애(Dependent Personality Disorder)'나 애착 대상, 즉 부모와 분리되는 상황에 공포나 불안 등의 반응을 과도하게 보이는 '분리불안장애(Separation Anxiety Disorder)'에 이를 수도 있습니다.

　자식을 잘 키우는 부모가 되고 싶다면 캥거루 엄마와는 다르게 아이들을 키워야 합니다. 어렸을 땐 물론 세심하게 잘 보살펴야겠지만, 어느 정도 성장하면 육아낭에서 나와 혼자 힘으로 살아갈 수 있게 만들어주는 것이죠.

아이는 스스로 생각하고 판단해서 행동하고 자신의 결정에 책임질 수 있게 키워야 합니다. 넘어지면 바로 달려가 일으켜 세워주는 게 아니라 스스로 털고 일어나 다시 걸어갈 수 있도록 참고 기다려 줘야 합니다.

어떤 상황에서도 부모는 끝까지 나를 믿고 지켜봐주며 격려하고 후원해주는 존재라는 사실을 아이가 인식할 수 있게 하는 것, 좋은 부모 역할은 이것 하나로도 충분합니다.

아이를 자립할 수 있는 아이로 키워야 한다. 아이에게 독립심을 길러줘야 한다. 고기를 잡아다 먹이는 데 그치는 게 아니라 고기 잡는 방법을 가르쳐 줘야 하는 것이다.

삶의 자극제가 되는 발칙한 이솝우화

자신에겐 엄격하고
타인에겐 관대해야 하는 이유

우두머리가 된 늑대가 공정하게 다스리겠다고 법을 선포하곤
뒤로는 먹잇감을 숨겨놨다는 이야기

─── 늑대와 당나귀 ───

사납고 욕심 많은 늑대가 있었습니다. 성질이 고약했지만 워낙 용맹했기에 무리의 우두머리가 되었습니다. 그는 이전의 우두머리들과는 좀 다른 특색 있고 멋진 우두머리가 되고 싶었습니다.

그래서 법을 만들기로 했습니다. 기분대로가 아닌 법대로 통치하는 민주적이고 세련된 우두머리로 보이고 싶었던 겁니다. 그는 늑대들을 한데 모아 법을 선포했습니다.

"법을 선포하겠다. 나는 누구도 차별하지 않고 법대로 공정하게 다스리겠다. 각자 열심히 사냥해 잡아 온 먹이를 자기만 먹지 않고 다 같이 모아

공평하게 나눠 먹는 것이다. 누구는 기력이 왕성하고 운이 좋아 사냥을 많이 하고, 누구는 건강이 좋지 않고 운도 나빠 사냥을 하지 못할 수 있다. 그렇더라도 우리는 모두 한 공동체니까 많이 잡은 늑대가 조금 양보하고 적게 잡은 늑대가 혜택을 봐서 골고루 나눠 먹는다면 차등 없는 평화로운 늑대 왕국을 건설할 수 있을 것이다. 그렇지 않은가?"

들고 보니 정말 그럴싸했습니다. 늑대들이 손뼉을 치며 찬성했습니다. 드디어 제대로 된 훌륭한 우두머리가 등장했다고 좋아했습니다. 우두머리 늑대 역시 기분이 좋았습니다.

그때였습니다. 그곳을 지나던 당나귀 한 마리가 늑대 무리를 보며 중얼거렸습니다.

"저 포악한 늑대 머리에서 이토록 선하고 합리적인 생각이 나오다니 정말 신기하군. 오래 살고 볼 일이야. 그런데 우두머리 늑대가 어제 사냥해서 굴에 몰래 숨겨둔 맛있는 먹잇감들은 어쩔 텐가? 법대로라면 그것들도 여기로 가지고 와서 공평하게 나눠야 하지 않겠나?"

소리가 커서 늑대들이 당나귀 말을 들었습니다. 순간 무리가 웅성거리기 시작했습니다.

"아니, 우리 보고 잡아 온 먹이를 공평하게 나누자더니 자기는 혼자 먹으려 했던 거야?"

"우리가 잡은 먹이는 같이 나눠 먹고, 자기가 잡은 먹이는 혼자만 먹겠다는 거잖아?"

우두머리 늑대의 얼굴이 일그러졌습니다. 세련되고 민주적인 우두머리

삶의 자극제가 되는 발칙한 이솝우화

로 보이면서 실속을 챙기려던 계획이 한순간에 수포로 돌아갔기 때문입니다. 그는 무리를 향해 소리 질렀습니다.

"저런 천하에 못된 당나귀 같으니라고…. 아, 그래. 너희들이 그렇게 싫다면 할 수 없지. 새로 선포한 법은 없었던 걸로 해. 예전처럼 자기가 잡은 건 자기가 다 먹는 거야."

무안해진 우두머리 늑대는 법을 선포한 지 하루도 지나지 않아 법을 폐지해버렸습니다.

◇ 내 것은 당연히 내 것, 네 것도 어쩌면 내 것

식당에 가서 여럿이 밥을 먹거나 잔칫집에 가서 단체로 식사할 때 어떤 순서로 음식을 드시나요? 내 앞에 있는 밥과 국 혹은 요리를 먼저 드시나요? 공용으로 제공된 반찬이나 음식을 먼저 드시나요?

아마 대부분 누구나 먹을 수 있는 공통의 음식을 먼저 먹은 후에 주어진 밥과 국 혹은 요리 같은 개인용 음식을 먹을 겁니다. 내 것은 언제든 먹을 수 있지만, 공통의 음식은 빨리 먹지 않으면 남이 다 먹어 남아나지 않기 때문입니다.

내게 주어진 음식을 먼저 먹느라 공용으로 제공된 음식은 거들떠보지 않거나 먹을 기회를 놓치는 사람은 아둔하거나 미련스럽게 보이기까지 합니다. 식탁 위의 이런 행동 정도야 애교라고 할 수 있죠.

범위를 넓혀 사업이나 재산 이야기를 하면 꽤 심각해집니다. 장사나 사업에도 상도의라는 게 있습니다. 돈을 버는 치열한 상업 활동이라도 반드시 지켜야 할 도리가 있다는 겁니다.

예를 들면 비슷한 가게가 있는 곳에 유사 업종의 점포를 개업하지 않는다든지, 다른 회사가 먼저 개발한 똑같은 제품을 동시에 출시하지 않는다든지 하는 것입니다.

남이야 어떻게 되든 말든 내 것만 키우려고 상도덕을 무너뜨리면 상업 활동은 무법천지의 정글이 되고 말 것입니다. 부모의 재산을 상속받을 때도 자식들이 서로 더 많이 갖겠다고 싸우면 부모 자식 사이가 원수가 될 수 있습니다.

내 것은 당연히 내 것이기에 꽉 움켜쥐고, 타인의 것도 내 것으로 만들기 위해 호시탐탐 노리다가 기회만 되면 빼내 오려고 혈안이 되어 있는 사람은 과도한 탐욕주의자임이 분명합니다.

'탐욕(Avarice)'은 수단 방법을 가리지 않고 더 많은 걸 소유하려는 욕망입니다. 탐욕주의자는 탐욕에 따라 행동하는 사람이죠. 자기 자신밖에 생각하지 않는 극도의 이기주의자이기도 합니다.

노골적으로 탐욕을 드러내는 사람은 알아보기 쉽습니다. 대놓고 욕심을 부리니까요. 잘만 확인하면 피할 수 있습니다. 위험한 건 안 그런 척하면서 은근히 욕심을 부리는 사람입니다. 어지간해서 탐욕을 잘 드러내지 않습니다.

속으론 자신의 이익을 채우고자 혈안이 되어 있으면서도 겉으론 모두를 위하는 것처럼 행동하거나 이타적인 것처럼 말하는 사람을 위선자라고 부릅니다.

'위선(僞善, Hypocrisy)'이란 거짓으로 선한 척, 정의로운 척하는 겁니다. 좋은 사람으로 보이기 위해 타인 앞에선 선한 말과 행동을 하지만 마음속엔 탐욕을 채우려는 이기적인 욕망뿐입니다.

소위 사회 지도층이나 정치인 또는 막강한 힘을 가진 자리에 있는 사람 중에 이런 사람이 적지 않습니다. 말은 그럴듯하게 하면서 희생과 봉사의 삶을 사는 것 같아도 잇속만 챙기는 사람은 『이솝우화』속 우두머리 늑대와 같습니다.

◇ 내로남불의 심리학

성숙한 사람이라면 더구나 많은 사람의 주목을 받고 본이 되어야 할 위치에 있는 사람이라면, 자신에겐 엄격하고 남들에겐 관대해야 합니다. 그래야 법과 질서가 제대로 서고 말과 행동에 무게가 실립니다.

그러나 정반대로 자신에겐 한없이 관대하면서 남들에겐 지나치게 엄격한 사람이 많습니다. 요즘은 아예 사자성어처럼 쓰이고 있는 '내로남불'이라는 단어는 이런 세태를 잘 표현해주는 말입니다.

학생이나 젊은이, 직장인이나 주부 등 힘없는 보통 사람들이 가장 실망하는 건 모범을 보여야 할 지위에 있는 사람들의 말과 행동이 일치하지 않을 때입니다.

입으론 교양과 상식, 윤리와 도덕에 맞는 온갖 좋은 말을 하면서
도 실제 행동은 전혀 그렇지 않은 경우, 실망감과 괴리감을 넘어
배신감까지 느낍니다.

"내가 야근할 때 자기 혼자 일찍 퇴근하는 거 보고 알아봤지. 사
고 칠 줄 알았다니까?"

직장 동료가 중요한 일을 하다가 실수했을 때 손가락질하는 사
람이 있습니다.

"그날 군에서 휴가 나온 친구랑 술만 마시지 않았어도 시험을 망
치지 않았을 텐데…."

공부를 게을리해서 시험을 잘못 치른 대학생이 친구에게 원인을
돌리기도 합니다.

어떤 행동이든 수많은 원인이 있을 수 있습니다. 그런데 너무 쉽
게 원인을 찾으려 합니다.

타인이 뭔가 잘못했거나 실수했을 땐 원인을 전부 그에게 돌리
는 경향이 있습니다. 그러면서 자신이 잘못했거나 실수했을 땐 원
인을 타인이나 세상 탓으로 돌립니다.

그가 처해 있는 상황은 과소평가하면서 그 상황에서 나타나는
성향은 과대평가하기 때문입니다.

사람의 행동엔 다양한 원인이 있음에도 원인을 무시하고 행위자
의 내적 특성 탓으로만 돌리는 오류를 심리학에선 '기본적 귀인 오
류(Fundamental Attribution Error)'라고 합니다.

삶의 자극제가 되는 발칙한 이솝우화

'귀인(歸因)'은 특정한 행동이 발생한 원인을 추론하는 걸 뜻하는데, 귀인 오류 가운데 흔하게 관찰할 수 있는 편향이기 때문에 '기본적'이라는 수식어가 붙은 것입니다. '내로남불'을 심리학적으로 풀어낸 것이죠.

자기보다 못하다고 여기던 친구가 어느 날 로또에 당첨되어 거액을 손에 쥐었습니다.

"그거야말로 일확천금이지. 전형적인 불로소득이라고. 세금을 왕창 때려야 해."

이렇게 말한 친구가 자기도 로또에 당첨되었습니다. 친구보다 더 많은 돈을 거머쥐었죠.

"이건 노력의 대가야. 내가 꾸준히 로또를 사면서 기도를 엄청나게 많이 했다니까."

같은 결과를 놓고도 해석이 극과 극입니다. 차이는 내 일인가 남의 일인가, 내 이득인가 남의 이득인가, 내 소유인가 남의 소유인가 일뿐입니다. 전형적인 기본적 귀인 오류입니다.

귀인에는 '상황적 귀인(Situational Attribution)'과 '기질적 귀인(Dispositional Attribution)'이 있습니다.

잘못이나 범죄를 저지른 사람에 대해 원인이 불우한 가정환경, 지독한 가난, 잘못된 교우관계 때문이라고 생각하는 건 상황적 귀인입니다.

반면 흉악한 성격, 반항적 기질, 인격적 미성숙으로 원인을 돌리는 건 기질적 귀인입니다.

자신의 문제에 대해선 상황적 귀인을 하려 하고, 타인의 문제에 대해선 기질적 귀인을 하려 합니다. 내가 실수한 건 사회나 구조 탓이지만, 그가 잘못한 건 그 자신에게 원인이 있다고 생각하는 겁니다.

이런 식으로 생각하면, 나는 늘 이해의 대상이고 타인은 비난의 대상입니다.

내 것은 빼앗기지 않으려고 세게 움켜쥐고, 이웃과 사회를 위해 베푸는 일에는 한없이 인색한 사람은 탐욕스러운 사람입니다. 내 것은 당연히 내 것이고, 타인의 것도 내 것으로 만들기 위해 열을 올리는 사람은 탐욕주의자입니다.

그런 사람이 겉으론 안 그런 척하면서 좋은 말을 하고 정의로운 사람인 것처럼 행세하는 건 위선입니다. 위선자는 오직 자기 자신만 알기 때문에 이기주의자입니다.

이런 사람의 말과 행동은 내로남불, 즉 기본적 귀인 오류에 빠져 있을 확률이 높습니다. 탐욕으로 인한 두 얼굴입니다.

자신에겐 한없이 관대하고 타인에겐 잔인할 정도로 가혹한 이런 사람의 삶이 과연 행복할까요? 자신이 바라던 소유로 즐거울까요? 결과적으로 우두머리 늑대처럼 될 공산이 큽니다.

◇ 탐욕의 끝은 씁쓸하다

러시아의 대문호 톨스토이는 「사람에게는 얼마만큼의 땅이 필요한가」라는 단편소설을 썼습니다. 평범한 농부 바흠은 농사지을 땅을 원했지만, 가난해서 땅을 소유할 수 없었습니다.

그러던 어느 날 어떤 지방의 땅 주인이 땅을 헐값에 판다는 말을 들었습니다. 그런데 땅 주인의 매매 방식이 특이했습니다. 아침에 출발점을 떠나 하루 동안 자기 발로 밟고 돌아온 땅이 전부 자신의 땅이 된다는 것이었습니다.

해가 지기 전에 출발점으로 돌아오지 않으면 무효라는 조건이 달려 있었지만, 빨리 걷기만 하면 많은 땅을 소유할 수 있었죠.

바흠은 계약에 동의했습니다. 그리고 다음 날 일찍 광활한 땅 위를 걷기 시작했습니다. 많은 땅을 가지려는 욕심에 정신없이 걸었습니다. 이 정도면 충분하다고 생각했지만, 점점 더 욕심이 생겨 멀리멀리 갔습니다.

해가 저물기 시작했습니다. 생각보다 멀리 온 바흠은 돌아가고자 출발점을 향해 전력으로 내달렸습니다. 땀이 비 오듯 했으나 땅을 얻고자 사력을 다해 뛰었습니다.

젖 먹던 힘까지 쏟은 그는 마침내 출발점에 도착했지만, 정신을 잃고 쓰러졌습니다. 목숨을 잃은 것입니다. 땅 주인은 그를 묻어줬습니다. 그가 묻힌 땅은 그의 키인 183cm에 불과했습니다.

땅 주인은 말했습니다.

"사람에겐 얼마만큼의 땅이 필요한가?"

탐욕의 끝은 씁쓸합니다. 우두머리 늑대가 욕심을 버리고 사냥해온 먹잇감을 먼저 내놓은 뒤 사심 없이 정의로운 법을 선포했더라면 늑대 마을은 평화로운 공동체가 되었을지도 모릅니다. 내 것을 먼저 내놓는다는 것, 그게 그렇게 어려운 일인가 봅니다.

내 건 빼앗기지 않으려고 세게 움켜쥐고, 이웃과 사회를 위해 베푸는 일엔 한없이 인색한 사람은 탐욕스러운 사람이다. 내 건 당연히 내 것이고, 타인의 것도 내 것으로 만들기 위해 열을 올리는 사람은 탐욕주의자다. 그런 사람이 겉으론 안 그런 척하면서 좋은 말을 하고 정의로운 사람인 것처럼 행세하는 건 위선이다.

삶의 자극제가 되는 발칙한 이솝우화

진실한 사람의 마음은
언제나 평온하다

늘대에게 세 가지 참된 말을 하곤
늘대의 약속에 따라 무사히 갈 길을 갈 수 있게 된 양의 이야기

—— 배부른 늘대와 양 ——

늘대 한 마리가 길을 걷고 있었습니다. 맛있는 먹이를 잔뜩 먹어 배가 부르고 기분도 좋았습니다. 한참 가다 보니 길 위에 뭔가 쓰러져 있는 게 보였습니다. 가까이 다가가 살펴보니 양이었습니다. 멀찍이서 자신을 보곤 겁을 집어먹어 쓰러진 것 같았습니다.

"이것 참, 나는 너를 잡아먹을 생각이 없단다. 겁내지 말고 어서 일어나거라. 괜찮아."

양은 늘대의 말을 듣고 천천히 일어났습니다. 하지만 경계를 늦출 순 없었습니다.

"못 믿는 모양인데… 내게 세 가지 참된 말을 하면 정말 안전하게 그냥 보내주마."

"정말요? 세 가지 참된 말을 하면 진짜 해치지 않고 그냥 보내주실 건가요?"

늑대는 그렇다고 재차 다짐했습니다. 양은 자세를 가다듬고 또박또박 말을 이어갔습니다.

"첫 번째는 제가 어딜 가더라도 늑대를 아예 만나지 않았으면 좋겠어요."

"음, 그럴 수 있지. 너로선 그 말이 참된 말이지."

"두 번째는 만약 어쩔 수 없이 늑대를 만나더라도 그 늑대의 눈이 멀었으면 좋겠어요. 저를 보지 못하면 해칠 수가 없을 테니 저는 위험하지 않을 거예요."

"기분이 좋진 않지만 그 말 역시 참된 말이다."

"그리고 세 번째는… 양은 늑대에게 어떤 해도 끼치지 않는데, 늑대는 저희만 보면 공격하고 잡아먹기 일쑤예요. 그러니까 늑대는 천성이 악한 동물이라고 할 수 있죠. 나쁜 늑대들이 저희를 해치지 못하도록 모조리 비참하게 죽어버렸으면 좋겠어요."

말을 마친 양은 늑대의 눈치를 살폈습니다. 너무나도 솔직하게 진실을 말했으니까요.

"내 앞에서 그렇게 말할 수 있다니, 대단해. 너의 말이 모두 참된 말이라는 걸 인정한다."

늑대는 약속한 대로 양을 무사히 보내줬습니다. 양은 안전하게 숲속으로 돌아갔습니다.

◇ 진실은 결코 쉬운 일이 아닌 것

초등학교 저학년 때 일입니다. 교실에서 한 아이가 돈을 잃어버렸습니다. 찾다 찾다 없으니까 울음을 터뜨렸습니다. 담임 선생님이 교실을 아무리 둘러봐도 돈이 나오지 않았습니다. 주웠다는 아이도 없었습니다.

담임 선생님은 반 아이들을 책상 위에 올라가도록 했습니다. 눈을 감은 채 무릎 꿇고 앉게 했죠. 절대 눈을 떠선 안 된다고 단단히 일러뒀습니다.

"자, 다들 눈을 꼭 감았으니까 아무도 보는 사람이 없어. 오직 선생님만 볼 거야. 돈을 가져간 사람은 조용히 손을 들어 봐. 진실을 고백하면 야단치지 않고 없었던 일로 해줄게."

분위기는 숙연했습니다. 어색한 침묵이 이어졌죠. 누가 손을 들었는지, 손을 들었다면 그게 누구인지, 아니면 아무도 손을 들지 않았는지 궁금했지만 눈을 감고 있어 알 수가 없었습니다. 담임 선생님이 손을 내리라고 하지 않는 걸로 봐서 손을 든 아이가 없었나 봅니다.

"순간의 실수로 돈을 가져갔더라도 금방 뉘우치고 솔직하게 진실을 말하면 얼마든지 용서해줄 수 있어. 누구나 크고 작은 실수는 하는 거니까. 자, 용기를 내서 손을 들도록 해."

몇 번 더 타이르고 채근하던 담임 선생님이 아이들에게 이제 그만 눈을 뜨고 책상 아래로 내려앉으라고 했습니다. 그러곤 돈을 잃

삶의 자극제가 되는 발칙한 이솝우화

어버린 아이와 반장을 불러 교무실로 갔습니다. 이후 일이 어떻게 결말지어졌는지는 모릅니다.

손을 든 아이가 있어서 돈을 주고받은 뒤 훈계를 하고 일이 무마되었는지, 손을 든 아이가 없어서 분실된 것으로 처리하고 담임 선생님이 돈을 잃어버린 아이 부모님께 연락해 마무리지었는지 알 길이 없습니다.

다만 그때 책상 위에서 무릎 꿇고 눈을 감은 채 시간이 흘러가자 이런 생각을 했던 기억이 납니다.

'선생님은 왜 아이들 가운데 누군가 돈을 훔쳐 갔으리라고 생각하시는 거지? 만약 선생님 짐작이 맞다면 그 아이가 정말 손을 들까? 손을 들면 선생님은 진짜로 용서해주실까?'

얼마 전 진료실에서 만난 한 젊은 여성은 어두운 표정을 지으며 말했습니다.

"좋아하는 남자가 있어요. 정말로 저를 사랑해주는 사람이에요. 저도 그 남자가 좋고요. 그런데 아무래도 헤어져야 할 것 같아요. 더는 진실을 감춘 채 계속 만날 수가 없어요."

그녀는 남자친구에게 자기 자신과 가족에 관한 이야기를 거짓으로 꾸며 말했다고 했습니다. 진실 그대로 말하면 자신을 만나주지 않을 것 같아서였답니다.

전문대를 나왔으면서도 서울 명문대를 졸업했다고 했고, 부모님이 일찍 돌아가셔서 작은아버지 집에서 자랐으면서도 부모님이 살아계시는 건 물론 유망 중소기업을 경영하고 있다고 했으며, 남동생이 장애인이라 재활원에 입소해 있는데도 미국 유학을 떠났다고 했다는 겁니다.

난감했습니다. 워낙 여러 가지를 속였기 때문입니다. 남자친구가 그녀의 학벌과 부모님의 직업과 남동생의 미국 유학 사실에 감동해서 그녀와 사귄 건 아니겠지만, 이 모두를 속여왔다는 사실을 알면 큰 배신감을 느낄 게 뻔했습니다.

이해하고 용서한 뒤 만남을 이어간다 해도 마음 깊은 곳에 자리한 실망감은 어쩔 수 없을 겁니다.

그녀가 선택할 수 있는 행동은 세 가지였습니다. 계속 속여가면서 연인관계를 유지하는 것, 다른 이유를 대고 이별을 선언하는 것, 모든 진실을 솔직히 털어놓는 것입니다. 어느 것도 결코 쉬운 일은 아니었습니다.

"계속 속여가면서 연인관계를 유지하는 건 바람직스럽지 않습니다. 남자친구의 인격을 무시하고 기만하는 일이니까요. 뜬금없이 이별을 선언하는 것도 좋은 방법은 아닙니다. 남자친구가 이해할 수 없을 테니까요. 있는 그대로 진실을 말하는 게 최선일 듯합니다. 숨김없이 다 밝히는 겁니다. 헤어지더라도 그런 다음 헤어져야 뒤탈이 없습니다. 남자친구가 다 용서하고 받아준다면 가장 좋겠지만, 그것까지 미리 기대하는 건 욕심인 것 같습니다."

저는 이렇게 조언했습니다. 거짓의 바탕 위에 이뤄진 사랑이었

삶의 자극제가 되는 발칙한 이솝우화

지만, 스스로 진실의 저울 위에 올라갔을 때 남자친구가 감당해야
할 맞은편 저울의 기울기가 어떨지는 아무도 모릅니다.

확실한 건 그녀가 진실의 시간 앞에 당당하게 직면해야 한다는
것이었습니다.

◇ 사실도 중요하지만 진실이 더 중요한 이유

사실은 무엇이고 진실은 뭘까요?

'사실(事實, Fact)'은 실제로 이뤄진 일이나 일어난 일을 말합니
다. 아무런 가치 판단이나 해석 없이 있었던 일 그대로를 가리키는
것이죠.

'진실(眞實, Truth)'은 약간 다릅니다. 검증 가능한 객관적 사실
에 근거를 두지만, 판단과 해석이 따릅니다. 거짓이나 왜곡, 은폐나
착오를 모두 배제했을 때 온전히 밝혀지는 바가 진실입니다.

사실 자체만을 진실이라고 하기엔 부족합니다. 예를 들면 비행
기가 추락하거나 배가 침몰했을 때, 육하원칙에 기초해 추락과 침
몰에 관한 모든 객관적 사항을 조사하고 동원 가능한 과학기술을
활용해 원인을 밝혀낸다면 사실은 드러날 겁니다.

그러나 왜 그런 사고가 일어났는지, 사고를 미리 막을 순 없었는
지, 누구의 책임이 가장 큰지, 배후 세력이나 음모 등은 없었는지
를 명확히 밝혀내는 건 쉬운 일이 아닙니다. 그게 다 밝혀지는 게
바로 진실입니다.

법은 사실에 주목합니다. 정확한 사실에 근거해 법을 적용해야 합니다.

그러나 우리 삶의 많은 부분에서 사실도 중요하지만 진실이 더 중요합니다. 사실이 다 밝혀졌어도 진실에 대한 믿음이 부족하면 사실을 온전히 받아들이기 힘들고 이런저런 의구심을 가질 수밖에 없습니다.

언론에 심심치 않게 등장하는 게 표절 문제입니다. 논문 표절이나 문학 작품 표절 또는 미술이나 음악 작품 표절 시비가 그것입니다. 사실을 드러내는 일도 어렵지만, 진실을 밝히는 일은 더 어렵습니다.

과학적으로 작품을 비교 분석하고 정밀히 대조해 어느 정도 유사성이 있는지를 찾아낼 순 있으나, 학자나 작가가 부인하면서 우연의 일치일 뿐 자기 논문과 작품은 순수 창작물이라고 강력하게 주장하면 진실은 드러날 수가 없습니다.

몇 년 전 한 유명 작가의 소설에 표절 시비가 있었습니다. 한 문학 평론가가 원작과 표절 작품을 비교하며 폭로한 겁니다. 얼마 후 작가는 해명했습니다.

"독자들께 미안하고 마음이 아픕니다. 풍파를 함께 해왔듯이 나를 믿어주시길 바랄 뿐이고, 진실 여부와 상관없이 이런 일은 작가에게 상처만 남는 일이라 대응하지 않겠습니다."

출판사 역시 입장을 발표했습니다.

삶의 자극제가 되는 발칙한 이솝우화

"두 작품의 유사성은 전체 작품에서 차지하는 비중이 크지 않다. 몇몇 유사성을 근거로 표절을 운운하는 건 문제가 있다."

문단과 독자들을 분노하게 한 건 표절 여부보다 작가와 출판사의 태도였습니다. 진실은 말하지 않으면서 믿어달라는 건 설득력이 없기 때문입니다.

유사성의 비중이 문제가 아니라 표절을 했느냐 안 했느냐가 핵심인데, 가장 중요한 진실은 교묘하게 피해간 겁니다. 진실을 있는 그대로 고백하고 용서를 구하는 건 생각보다 쉬운 일이 아닙니다.

◇ 진실과 더불어 사는 사람의 강함

치부가 드러나는 것도 모자라 그동안 쌓아온 모든 걸 잃고 나락으로 떨어질 수도 있음에도 진실을 밝히는 건 어지간한 용기가 있지 않고선 할 수 없는 일입니다.

모두 진실을 은폐하며 아니라고 할 때 진실에 따라 그렇다고 말하는 것, 모두 거짓으로 그렇다고 할 때 진실에 따라 아니라고 말하는 건 아무나 할 수 있는 일이 아닙니다.

그러나 진실의 힘은 의외로 강하고 셉니다. 용기 있게 진실을 당당히 마주했을 때 예상과 다른 결과가 나올 수 있습니다. 그것이 진실의 힘입니다.

위기 상황에서 진실은 빛을 발합니다. 거짓 없는 참된 말은 가치가 있습니다. 무게가 있습니다.

처한 상황과 처지에 따라 제각각 다른 진실을 말해도 분명한 진실은 하나입니다. 진실이 명확하지 않은 상태에서 진실의 후보로 존재하는 건 여러 개 있을 수 있지만, 엄밀한 의미의 진실은 하나밖에 없는 겁니다.

늑대와 양이 마주쳤습니다. 양은 죽은 목숨입니다. 양이 여우처럼 꾀를 내거나 말처럼 빨리 도망칠 수도 없습니다. 얼마나 무서웠으면 기절을 했을까요?

그렇지만 하늘이 무너져도 솟아날 구멍은 있고, 호랑이 굴에 잡혀가도 정신만 차리면 삽니다.

늑대가 세 가지 참된 말을 하면 돌려보내겠다고 했을 때 양은 용기를 내서 진실을 말했습니다. 만약 여우처럼 꾀를 내 늑대의 환심을 사고자 적당히 거짓말을 했다면 어떻게 되었을까요? 늑대의 밥이 되었을 겁니다. 늑대가 배가 부르긴 하지만 죽여서 끌고 가 내일 먹으면 되니까요.

죽을 수도 있는 상황에서 늑대를 만나지 않았으면 좋겠다, 늑대가 눈이 멀었으면 좋겠다, 늑대가 모조리 비참하게 죽어버렸으면 좋겠다고 말하는 건 대단한 용기입니다.

늑대가 들어도 이 모든 말은 진실이었습니다. 늑대로선 자신이 한 약속을 지키지 않을 수 없었습니다.

"진실한 사람의 마음은 언제나 평온하다."

영국이 낳은 위대한 작가 윌리엄 셰익스피어가 한 말입니다.

삶의 자극제가 되는 발칙한 이솝우화

거짓과 더불어 사는 사람이 강해 보일 순 있지만, 정말 강한 사람은 진실과 더불어 사는 사람입니다. 거짓과 친구가 된 사람의 마음은 항상 불안하지만, 진실과 친구가 된 사람의 마음은 언제나 평온합니다.

———————————

치부가 드러나는 것도 모자라 그동안 쌓아온 모든 걸 잃고 나락으로 떨어질 수도 있음에도 진실을 밝히는 건 어지간한 용기가 있지 않고선 할 수 없는 일이다. 모두 진실을 은폐하며 아니라고 할 때 진실에 따라 그렇다고 말하는 것, 모두 거짓으로 그렇다고 할 때 진실에 따라 아니라고 말하는 건 아무나 할 수 있는 일이 아니다.

성공한 사람보다
가치 있는 사람이 되기 위해선

하루 벌어 하루 먹고살지만 넉넉하고 평화로운 시골 쥐와
많은 걸 소유하고 누리지만 불안하고 불편한 도시 쥐의 이야기

── 시골 쥐와 도시 쥐 ──

우연한 기회에 시골 쥐와 도시 쥐가 친구가 되었습니다. 시골 쥐가 도시
쥐에게 식사나 하자며 집으로 초대했습니다. 도시 쥐는 시골 쥐가 어떻게
사는지 궁금했습니다. 도시 쥐가 선물을 가지고 방문하자 시골 쥐는 친구
를 데리고 들판으로 나갔습니다.

"자, 들판에 있는 보리와 곡식들이 다 먹을 거라네. 아무 눈치 보지 말고
실컷 먹게."

시골 쥐는 도시 쥐에게 먹을 걸 권했습니다. 하지만 먹을 거라곤 거친
보리와 곡식들이 전부였죠. 도시 쥐는 몹시 실망스러웠습니다.

그러나 내색할 순 없었습니다. 즐겁게 대화를 나누며 좋은 시간을 보내는 척했습니다. 돌아가면서 도시 쥐가 시골 쥐에게 말했습니다.

"오늘 정말 유쾌했네. 자네는 참 착하고 성실한 친구야. 그에 비해 너무 열악하게 생활하는 것 같아 안타깝네. 우리 집엔 기름지고 맛있는 음식이 많으니 다음에 꼭 놀러 오게."

얼마 후 시골 쥐가 도시 쥐의 집을 방문했습니다. 시골 쥐의 집과는 비교가 되지 않을 만큼 으리으리했습니다. 게다가 식탁 위에는 온갖 산해진미가 가득했습니다.

"자, 자네를 위해 준비한 음식일세. 천천히 많이 먹고 가게. 나는 늘 먹는 음식이라네."

"와~ 정말 대단하군. 고기, 치즈, 과일, 꿀, 케이크까지… 왕의 밥상이 따로 없구먼."

시골 쥐는 감탄을 연발했습니다. 도시 쥐가 부러웠죠. 좋은 친구를 둔 덕에 호강한다고 생각했습니다. 한편으론 거친 음식만 먹고 사는 자기 신세가 한탄스러웠습니다.

바로 그때였습니다. 누군가가 쥐들이 식사하는 방의 문을 벌컥 열고 들어왔습니다.

"여보게, 빨리 숨게! 어서!"

도시 쥐는 재빨리 쥐구멍을 찾아 들어가며 시골 쥐에게 외쳤습니다. 시골 쥐는 그 말을 듣고 날쌘 동작으로 탁자 뒤에 숨었습니다. 잠시 뒤 그는 방을 나갔습니다.

그러자 도시 쥐가 쥐구멍에서 나와 이리저리 살피더니 시골 쥐에게 어서 식사를 계속하자고 했습니다.

"여기선 이런 일이 비일비재하니 이해하게. 도시 쥐는 사람 집에 사는 게 숙명이니까."

시골 쥐는 놀란 가슴을 쓸어내리고 먹다 만 치즈를 입에 넣었습니다. 한없이 달콤했습니다. 이런 음식을 먹을 수 있다면 가끔 놀랄 일이 생겨도 괜찮다고 생각했습니다.

이번엔 기름기가 자르르 흐르는 호두 하나를 집어 들었습니다. 그 순간 또다시 문이 휙 열렸습니다. 이번에도 도시 쥐와 시골 쥐는 쏜살같이 몸을 피했습니다. 식사하는 동안 여러 번 반복했습니다.

시골 쥐는 가만히 있어도 가슴이 마구 뛰었습니다. 아무래도 체한 것 같았습니다. 음식이 눈에 들어오지 않았습니다.

도시 쥐는 식사를 더 하자고 권했지만, 시골 쥐는 통 밥맛이 나질 않았습니다. 시골 쥐는 자리에서 일어서며 도시 쥐에게 말했습니다.

"잘 먹고 가네. 자네는 좋은 친구지만, 나는 도시에선 못 살 것 같네. 아무리 맛나고 기름진 음식이 많아도 이렇게 불안하고 위험해서야 어찌 살 수 있겠나. 나는 어떤 구애도 없이 편하고 자유롭게 살 수 있는 시골이 좋네. 비록 거친 보리와 곡식을 먹더라도 말일세."

삶의 자극제가 되는 발칙한 이솝우화

◇ 성공과 출세를 강요하는 사회

'들쥐와 집쥐'. 이 이야기의 원제목입니다. 들쥐가 시골 쥐로, 집쥐가 도시 쥐로 바뀌었습니다. 인생에서 무엇이 가장 중요한가? 어떻게 사는 게 진정한 행복인가? 두 가지 질문을 던지고 있습니다.

많은 걸 소유하고 누리지만 불안하고 불편한 삶, 하루 벌어 하루 먹고살지만 넉넉하고 평화로운 삶, 이 중 어느 쪽을 선택할 것인가를 묻고 있는 겁니다.

도시 쥐의 삶은 오늘날 도시인의 삶과 많이 닮았습니다. 성공지상주의, 출세지향주의, 능력주의를 추구하는 삶입니다. 성공과 출세를 위해 쉬지 않고 달려야 합니다.

공부 잘해서 좋은 대학 가는 게 첫 단추를 잘 끼우는 일이기에 아이들은 초등학생 때부터 과외 공부와 학원 수업으로 내몰립니다. 열성적인 부모를 만난 아이들은 더 일찍 조기교육과 영재교육으로 투입되기도 합니다.

중고등학생이 되면 거의 전쟁이죠. 그렇게 해서 원하는 대학에 들어가더라도 자격증을 따거나 고시에 합격하기 위해 머리를 싸매야 합니다. 그리고 나서도 취업, 승진, 창업, 결혼 등 원하는 걸 얻기 위해 통과해야 할 관문은 즐비합니다.

목표한 대로 성공과 출세를 이뤄낸 사람들도 있지만, 그 과정에서 낙오하거나 실패의 쓴맛을 본 후 상처 입은 사람들이 훨씬 더 많습니다.

그러면 성공과 출세의 관문을 잘 통과한 사람들은 원하는 행복과 만족을 얻었을까요? 중간에 낙오하고 실패한 사람들은 불행하고 불만족한 삶을 살고 있을까요? 우화에서 볼 수 있듯이 꼭 그렇지만은 않은 것 같습니다.

정신건강의학과를 찾는 청년 중에 가족이나 사회에 분노와 불만을 품고 있는 이들이 상당합니다. 자신을 무한경쟁 사회로 내몬 가족과 능력이 있으면 우대받고 능력이 없으면 도태되는 게 당연시되는 사회에 대한 분노와 불만입니다.

뒤집어 말하면 성공과 출세라는 관문을 통과하지 못한 사람들이 느끼는 좌절감과 열등감이 분노와 불만으로 표현되는 거라고 할 수 있습니다.

성공하지 않으면 무시당하고, 출세하지 못하면 소외당하고, 능력을 발휘하지 못하면 짓밟힌다는 생각에 짓눌려 있는 겁니다.

지금 청년 세대의 부모들은 경제가 고속 성장할 때 대학과 직장을 다녔습니다. 경쟁이 요즘처럼 치열하지 않았죠. 조금만 노력하면 어느 정도 성취를 맛볼 수 있었습니다.

그런 부모들의 시각으로 자녀들에게 성공과 출세를 강요하면 청년들은 억울할 수밖에 없습니다. 숨이 탁 막힐 지경입니다.

◇ 자신의 존재 가치를 사랑하는 사람

성공, 출세, 능력을 목표로 삼고 살아가면 자기효능감을 강조하게 됩니다. '자기효능감(Self-Efficacy)'이란 자신이 어떤 일을 성공적으로 수행할 수 있는 능력이 있다고 믿는 기대와 신념을 뜻합니다. 캐나다의 심리학자 알버트 반두라에 의해 소개된 개념이죠.

자신감과 비슷한 것 같지만, 자기효능감은 개인의 능력에 대한 믿음과 관련이 있습니다. 자기효능감이 높은 사람은 도전할 목표가 생겼을 때 포기하지 않고 달성하기 위해 엄청난 노력을 기울입니다. 반면 자기효능감이 낮은 사람은 어려운 과제에 맞닥뜨리면 쉽게 포기하거나 도전하지 않으려는 성향이 있죠.

몇 번의 성공 경험은 자기효능감을 높임으로써 더 큰 목표가 세워졌을 때도 두려워하지 않고 도전하게 만듭니다. 자기효능감이 높은 사람은 실패했을 때도 원인을 외부에서 찾으려고 하지만, 자기효능감이 낮은 사람은 능력이나 노력 부족 등 원인을 자신에게서 찾으려고 합니다.

자기효능감이 높은 사람은 자신이 삶을 통제하고 있고 자신의 행동과 선택이 자기 삶을 결정한다고 믿지만, 자기효능감이 낮은 사람은 자기 삶이 자신의 통제 밖에 있다고 생각합니다.

성공, 출세, 능력을 목표로 살기보다 주어진 상황과 환경에 맞게 자족하면서 스스로 행복을 찾아 나가는 사람은 자아존중감이 높은 사람입니다.

'자아존중감(Self-Esteem)'은 자신이 가치 있고 소중하며 유능하고 긍정적인 존재라고 믿는 마음입니다. 미국의 의사이자 철학자 윌리엄 제임스가 1890년에 처음 사용한 개념입니다. 줄여서 '자존감'이라고 하죠.

자아존중감이 높은 사람은 자신이 타인에게 배척당할 가능성이 적다고 여기므로 타인의 이목에 신경 쓰지 않고 자신을 중요하게 생각합니다.

반면 자아존중감이 낮은 사람은 자신이 타인에게 거절당할 가능성이 크다고 여겨 내가 무엇을 원하고 또 할 수 있는지보다 남이 나를 어떻게 생각할지를 더 민감하게 생각합니다.

뭔가를 추구하다가 성공하지 못했을 경우, 자아존중감이 높은 사람은 그 과정에서 발견한 장점과 능력에 초점을 맞춰 긍정적인 감정을 지속시키려 노력합니다. 한데 자아존중감이 낮은 사람은 좌절과 우울 같은 부정적인 감정에 휩싸입니다. 반사회적인 행동이나 비행에 빠질 가능성도 크죠. 이처럼 높은 자아존중감은 삶의 만족도, 행복, 정신건강에 긍정적인 영향을 미칩니다.

치열한 경쟁 사회에서 소수만이 누릴 수 있는 성공과 출세의 자리를 차지하려면 자기효능감이 높아야 합니다. 한 번 목표를 세우면 반드시 달성하고야 마는 탁월한 능력자가 되어야 합니다.

그러나 자기효능감이 높다고 해서 자아존중감도 높은 건 아닙니다. 능력이 조금 부족하고 실패를 여러 번 경험해도, 자신을 가치

삶의 자극제가 되는 발칙한 이솝우화

있게 생각하고 자신을 누구보다 사랑하는 사람이 있습니다. 자아
존중감이 높은 사람입니다.

자신의 능력을 사랑하는 사람과 자신의 존재 가치 그 자체를 사
랑하는 사람, 누구의 마음이 더 편안하고 행복할까요?

◇ 성공한 사람보다 가치 있는 사람

우리는 진지하게 행복을 정의해봐야 합니다. 행복이란 무엇일까
요? 나는 어떤 상태를 행복하다고 느낄까요? 내가 가장 행복한 순
간은 언제인가요?

좀 더 좋은 집, 좀 더 많은 수입, 좀 더 비싼 차를 얻으면 행복해
질까요? 월세에서 전세로, 전세에서 자가로, 아파트에서 단독주택
으로, 일주택자에서 다주택자로 점점 소유를 불려 나가는 게 행복
일까요?

행복은 누군가 가져다주는 게 아닙니다. 내가 찾아 누리는 것입
니다. 내가 지금 맛보고 느낄 수 있는 작은 행복이 있으면 충분히
즐기며 만족해야 합니다.

남들이 말하는 행복이 아니라 내가 원하는 행복을 발견해야 합
니다. 타인과 비교하지 않아야 합니다. 남과 나를 비교해 상대적
박탈감과 상실감을 느낄 필요가 없습니다.

나는 내 삶을 충실히 살면 됩니다. 그들은 그들의 삶이 있고 나
는 내 삶이 있습니다. 가족끼리 서로 배려하고 존중하고 사랑하면

그 집은 아무리 작아도 스위트홈이지만, 가족끼리 만나기만 하면 아웅다웅하고 데면데면 무관심하다면 그 집은 아무리 크고 멋져도 그저 하우스에 불과할 뿐입니다.

작은 집에 산다고, 자가가 아닌 전셋집에 산다고, 부부끼리 또는 자녀가 부모에게 원망과 불평을 늘어놓는다면 넓은 집이나 비싼 집에 살더라도 새로운 원망과 불평 거리가 생겨날 겁니다.

도시 쥐는 시골 쥐의 집을 방문하고 나서 대단히 실망했습니다. 소유는 빈약했고 음식은 거칠었기 때문입니다. 도시 쥐는 자신의 성취를 보여주고 싶었습니다. 그래서 시골 쥐를 초대했습니다. 집은 으리으리했고 음식은 진수성찬이었습니다. 과연 도시 쥐는 성공한 쥐였습니다.

그러나 곧 반전이 일어납니다. 도시 쥐가 누리고 있던 모든 건 집 주인의 것이었지 도시 쥐의 것이 아니었습니다. 주인이 오자 도시 쥐는 필사적으로 숨어야 했죠. 집 안에 쥐가 있는 걸 두고 볼 리 없을 테니까요.

도시 쥐의 집은 불안과 불편과 위험으로 가득했습니다. 시골 쥐는 도시 쥐가 더는 부럽지 않았습니다. 오히려 불쌍해 보였습니다. 너른 들판에서 자유롭게 살며 비록 거칠지만 음식을 마음껏 편안하게 먹을 수 있는 자신이 더 행복하다고 느꼈습니다. 도시 쥐가 아무리 붙잡아도 시골 쥐는 살던 곳으로 돌아가고 말았습니다.

"성공한 사람보다 가치 있는 사람이 되려고 노력하십시오."

삶의 자극제가 되는 발칙한 이솝우화

독일의 천재 물리학자 아인슈타인의 말입니다. 그의 눈에 비친 성공은 성과나 소유가 아니라 가치였습니다. 조금 달리 해석하면 자기효능감이 높은 사람보다 자아존중감이 높은 사람이 되라는 말일 수도 있습니다.

나를 믿고 존중하며 내 가치를 제대로 알고 사랑하는 사람에게 성공과 출세는 보장될 수 없을지라도 행복과 평화만은 보장될 수 있을 겁니다.

행복은 누가 가져다주는 게 아니다, 내가 찾아서 누리는 것이다. 내가 지금 맛보고 느낄 수 있는 작은 행복이 있다면 충분히 즐기며 만족해야 한다. 남들이 말하는 행복이 아니라 내가 원하는 행복을 발견해야 한다. 타인과 비교하지 않아야 한다, 남과 나를 비교해 상대적 박탈감과 상실감을 느낄 필요가 없다.

삶의 자극제가 되는
발칙한 이솝우화

초판 1쇄 발행 2022년 12월 20일

지은이 | 최강록
기획 | 유승준
펴낸곳 | 원앤원북스
펴낸이 | 오운영
경영총괄 | 박종명
편집 | 김형욱 최윤정 이광민 양희준
디자인 | 윤지예 이영재
마케팅 | 문준영 이지은 박미애
등록번호 | 제2018-000146호(2018년 1월 23일)
주소 | 04091 서울시 마포구 토정로 222 한국출판콘텐츠센터 319호(신수동)
전화 | (02)719-7735   팩스 | (02)719-7736
이메일 | onobooks2018@naver.com   블로그 | blog.naver.com/onobooks2018

값 | 17,000원
ISBN 979-11-7043-367-5 03180